AF453671

CATALOGUE
DES LIVRES
DE FEU M. HELLOT,

De l'Académie Royale des Sciences.

A PARIS,

Chez {
J. B. G. MUSIER Fils, Libraire, Quai des Augustins, au coin de la rue Pavée.
Et FOURNIER, Libraire, rue du Hurepoix.

M. DCC. LXVI.

La vente des Livres de feu M. H E L L O T commencera le Jeudi 24 Avril 1766, deux heures de relevée & jours suivans, rue d'Anjou, au Marais, en la maniere accoutumée. Les Livres seront exposés dans l'ordre qui suit:

Jeudi 24 Avril.

Théologie, dep. le Nº.	1,	jusq. Nº.	7, *inclusiv.*
Belles-Lettres,	168,		182.
Histoire,	416,		436.
Sciences & Arts,	733,		812.

Vendredi 25 Avril.

Théologie, dep. le Nº.	8,	jusq. Nº.	14, *inc.*
Jurisprudence,	120,		132.
Histoire,	437,		457.
Sciences & Arts,	813,		891.

Samedi 26 Avril.

Théologie, dep. le Nº.	15,	jusq. Nº.	21, *inc.*
Belles-Lettres,	183,		197.
Histoire,	458,		478.
Sciences & Arts,	892,		972.

Lundi 28 Avril.

Théologie, dep. le Nº.	22,	jusq. Nº.	28, *inc.*
Jurisprudence,	133,		145.
Histoire,	479,		499.
Sciences & Arts,	973,		1053.

Mardi 29 Avril.

Théologie, dep. le Nº.	29,	jusq. Nº.	35, *inc.*
Belles-Lettres,	198,		212.
Histoire,	500,		520.
Sciences & Arts,	1054,		1134.

4

Mercredi 30 Avril.

Théologie, dep. le N°.	36, jusq. N°.	42, inc.
Jurisprudence,	146,	158.
Histoire,	521,	540.
Sciences & Arts,	1135,	1215.

Vendredi 2 Mai.

Théologie, dep. le N°.	43, jusq. N°.	49, inc.
Belles-Lettres,	213,	227.
Histoire,	541,	560.
Sciences & Arts,	1216,	1295.

Samedi 3 Mai.

Théologie, dep. le N°.	50, jusq. N°.	56, inc.
Jurisprudence,	159,	167.
Histoire,	561,	582.
Sciences & Arts,	1296,	1375.

Lundi 5 Mai.

Théologie, dep. le N°.	57, jusq. N°.	63, inc.
Belles Lettres,	228,	244.
Histoire,	583,	600.
Sciences & Arts,	1376,	1455.

Mardi 6 Mai.

Théologie, dep. le N°.	64, jusq. N°.	70, inc.
Belles-Lettres,	245,	256.
Histoire,	601,	617.
Sciences & Arts,	1456.	1535.

Mercredi 7 Mai.

Théologie, dep. le N°.	71, jusq. N°.	77, inc.
Belles-Lettres,	257,	272.
Histoire,	618,	634.
Sciences & Arts,	1536,	1615.

Vendredi 9 Mai.

Théologie, dep. le N°.	78, jusq. N°.	84, inc.
Belles-Lettres,	273,	288.
Histoire,	635,	651.
Sciences & Arts,	1616.	1695.

Samedi 10 Mai.

Théologie, dep. le N°.	85, jufq. N°.	91, *inc.*
Belles-Lettres .	289,	304.
Hiftoire ,	652,	668.
Sciences & Arts ,	1696,	1775.

Lundi 12 Mai.

Théologie, dep. le N°.	92, jufq. N°.	99, *inc.*
Belles-Lettres ,	305,	321.
Hiftoire ,	669,	685.
Sciences & Arts ,	1776,	1855.

Mardi 13 Mai.

Théologie, dep. le N°.	100, jufq. N°.	106, *inc.*
Belles-Lettres ,	322,	337.
Hiftoire ,	686,	702.
Sciences & Arts ,	1856,	1935.

Mercredi 14 Mai.

Théologie, dep. le N°.	107, jufq. N°.	113 , *inc.*
Belles-Lettres ,	338,	353.
Hiftoire ,	703,	719.
Sciences & Arts ,	1935,	2015.

Jeudi 15 Mai.

Théologie, dep. le N°.	114, jufq. N°.	119 , *inc.*
Belles-Lettres ,	354,	374.
Hiftoire .	720,	731.
Sciences & Arts ,	2015,	2095.

Vendredi 16 Mai.

Belles-Let. dep. le N°.	375 , jufq. N°.	414.
Sciences & Arts ,	2095,	

TABLE
DES DIVISIONS.

THEOLOGIE.

JURISPRUDENCE.

BELLES-LETTRES.

TABLE

HISTOIRE.

HISTOIRE DE FRANCE.

HISTOIRE ÉTRANGERE

SCIENCES ET ARTS.

Lû & approuvé le 12 *Avril* 1766.
Le Clerc, Adjoint.

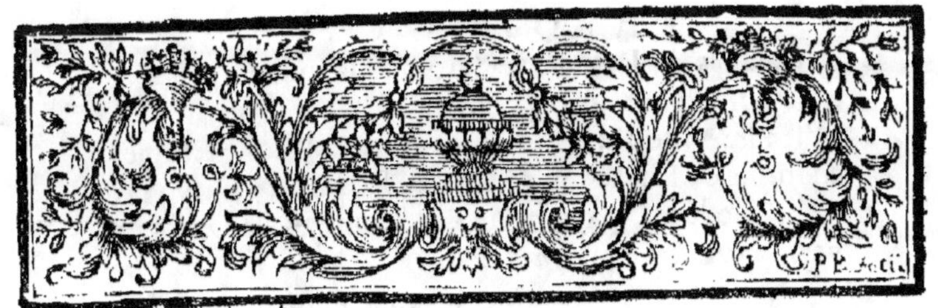

CATALOGUE
DES LIVRES
DE FEU M. HELLOT.

THEOLOGIE.

TEXTES, VERSIONS, ET HISTOIRE
DE LA BIBLE.

1 Biblia facra vulgatæ editionis Sixti V. *Colonia*, 2. 1
   Agrip. 1647. *in* .
2 Eadem. *Parif. Couftellier*, 1664. 3 *Tom.* 2 *vol. in*-12. 2.
3 Eadem. *Lugduni* 1710. *in* 8. . . . . 1 5
4 Le Nouveau Teftament traduit. *Mons*, 1668. *in*-12. 1
5 Le même, Lat & Franç. avec des Rééxions morales 10. 5
   fur chaque verfet. *Amft.* 1728. 8 *vol in*-12.
6 Le N. T. Franç. Holland. & Angl. *Amft.* 1684. *in*-12. 1.
7 La Bible en Lat. & en Franç. de la verfion de I. L. M. 15. 19
   de Sacy. *Liége*, 1701. 3 *vol. in-fol.*
8 La même, toute Franç. *Paris*, 1707. 8 *vol. in*-12. 6. 15
9 La fainte Bible en Latin & en Franç. tirée des Com- 5. 10
   mentaires de Dom Calmet & de l'Abbé de Vence.
   Paris, 1748. 3 *vol. in*-4.
10 Pfalterium Davidis ad exemplar Vaticanum anni 1592. 6.
    Elzevir, 1653. *in* 12.
11 Le Pfeautier à trois colonnes. *Paris*, 1664. *in*-12. 1.

A

1 . 4   12 Pseaumes de David, traduits sur la vulgate. *Paris,* *Le Petit,* 1666. *in-12.*

13 Pseaumes de David selon l'Esprit, ou les Pseaumes en forme de Prieres, par M. L. L. R. *Par.* 1733. *in-12.*

1.   14 Ant. Godeau, paraphrase des Pseaumes de David en vers. *Paris,* 1654. *in-12.*

15 Ant. Arnaldi, Historia & concordia Evangelica. *Paris,* 1670. *in-12.*

1. 4   16 Les Figures de la Bible, du Pet. Bernard, avec les disticts en Allemand. *Lyon,* 1564. *in-8.*

1. 6   17 Royaumont (Sacy) Histoire du vieux & du nouveau Testament. *Paris, le Petit,* 1670. *in-12.*

7.   18 Protevangelion sive de naturalibus J. C. & ipsius Matris Virginis Mariæ, Sermo - Historicus divi Jacobi Minoris. *Basilea, in 12.*

20. 19   19 D. Calmet. Dissertations sur la Bible. *Paris,* 1720. 3 *vol. in 4.*

1. 11   20 Chompré. Dict. abrégé de la Bible. *Par.* 1755. *in-12.*

21 Disposition de l'Ecriture sainte, pour la lire toute entiere chaque année. *Paris,* 1669. *in-8. br.*

LITURGIE.

5. 10   22 Breviarium Romanum. *Paris.* 1724. 4 *vol. in-12.*

23 Idem, ad usum Capucinorum. *Paris.* 1708. *in-12. mar.*

1. 5   24 Diurnale Breviarii Romani. *Colonia Agripp.* 1658. *in-32.*

25 Idem - *Ibidem,* 1680. *in-32.*

1. 19   26 Idem, *Antuerpia,* 1721. *in-32.*

1.   27 Diurnal Romain, suivant la réformation du Concile de Trente. *Paris.* 1702. *in-12.*

1. 9   28 Le même, Latin Franç. *Paris,* 1705. 4 *vol. in-12.*

29 Le même : *Paris,* 1720. *in 8.*

3.   30 Diurnale Parisiense. *Paris.* 1736. 2 *vol. in-12.*

1. 4   31 Office (Latin) du matin, pour les Dimanches & Fêtes de l'année. *Paris,* 1739. *in-12.*

1. 4   32 Pseautier (Latin) distribué, avec les Offices des Dimanches & Fêtes. *Paris,* 1740. *in-24. mar. lav. reg.*

1. 10   33 Le même, Latin-Franç. *Paris,* 1736. *in 18. mar.*

5. 14   34 Le même, *Paris,* 1736. 2 *vol. in-12. mar.*

1. 4   35 Prieres & Offices de l'Eglise, dédiés à Madame de

THEOLOGIE.

Maintenon. *Paris*, 1688. *in-12. mar.*

36 Breviarium Colbertinum ; *in-8. mar. rouge.* 5. 10

37 Offices ou Pratique de Dévotion, pour tous les jours
de la femaine. *Paris*, 1685. *in-12.*

38 Office (Latin-Franç.) de l'Eglife & de la Vierge.
Paris, 1650. *in-12.* 1. 4

39 Offices propres de S. Eloy. *Paris*, 1686. *in-12.*

40 Jacobi Merli Horftii Paradifus animæ Chriftianæ. 4. 10
Colon. *Agrippinæ*, 1644. *in-12. mar.*

41 Le même, traduit. *Paris*, 1721. 2 *vol. in-12.* . . . 2. 10

42 Prieres Chrétiennes en forme de Méditations. *Paris*, 1.
1725. *in-12.*

43 Les Prieres tir de l'Ecriture fainte. *Par.* 1688. *in-12.*

44 Pfeaumes paraphrafés en forme de Prieres. *Paris*, 1. 10
1719. *in-12. mar.*

45 Nicolle : Effais de Morale. *Paris*, 1693. 9 *vol. in-12.* 10

S S. P E R E S.

46 Arnauld d'Andilly: trad. des Confeffions de S. Auguf- 1.
tin. *Paris*, 1649. *in-12.*

47 Lombert: trad. de la Cité de Dieu de Saint Auguftin. 7. 10
Paris, 1736. 4 *vol. in-12.*

48 Dubois : trad. des Lettres de S. Auguftin. *Paris*, 9.
1701. 6 *vol. in-8.*

THEOLOGIENS SCOLASTIQUES,
MORAUX, ET MYSTIQUES.

49 Samuel. Gardineri Catholicæ (circa SS. Trinitatem)
Fidei delineatio. *Lond.* 1677. Jacq. Benigne Boffuet,
Relation du Quiétifme. *Paris*, 1698. *in-8.*

50 Mallebranche : Traité de la Nature & de la Grace.
Rotterd 1684. *in-12.* 1. 5

51 De la dévotion à la Vierge & du culte qui lui eft
dû. *Paris*, 1693. *in-12.*

52 B. Pafcal : Lettres Provinciales *Cologne*, 1685 *in-12.*

53 Dénonciation à M. de Rochechouart de la Doctrine
des Jéfuites ; 1762. *in-12. br.*

54 Les Reliques de Jean du Verger de Havranne, Abbé
de Saint Cyran. *Louvain*, 1646. *in-8.* 1. 4

55 Duguet , de la Priere publique , & des dispositions pour offrir les saints mysteres. Paris, 1707. *in* 12.

8.   56 Discussion d'un Livret intitulé : *Le Chapelet secret du tres-saint Sacrement. Paris* , 1636. *in*-8.

57 Pratique pour honorer le Saint Sacrement. *Cologne*, 1694. *in*-8.

1. 4   58 Hamon : Instructions chrétiennes & morales sur les Sacremens ; 1733. *in*-12.

59 Franç. Salazar : Conversion d'un Pécheur. *Paris* , 1737. *in*-12.

1.   60 Exercice du Pénitent. *Paris* , 1737. *in*-12.

1.   61 Conduite pour la Confession & la Communion. *Paris*, 1739 *in*-12.

62 La Confession coupée. *Paris* , 1721. *in*-12.

2. 17   63 Hamon : Traités de Piété. *Paris*, 1689. vol. *in*-12. & 2 *vol. in*-8.

64 Le même : de la solitude. *Amst.* 1735. *in*-12.

65 Sentimens qu'il faut inspirer à ceux qui s'engagent dans la profession religieuse. *Paris* , 1592. *in*-12.

66 Villethyerry : Vie des Vierges , ou devoirs & obligations des Vierges Chrétiennes; 1693. *in*-12.

1. 17   67 Dupuy : Instruction d'un Pere a sa fille. *Paris*, 1707. *in*-12

68 Instructions Chrétiennes, tirées des Lettres de l'Abbé de Saint-Cyran. *Paris* , 1672. *in*-8.

69 Retraite d'un Pénitent pour la Semaine sainte. *Paris*, 1741. *in*-12.

1. 16   70 Méthode tirée des SS. Peres, pour se disposer à une mort chrétienne. *Paris* , 1731. *in*-18.

17. 3   71 Thom. à Kempis : de Imitatione Christi. *Lugd. Elz.* *in*-12. *sine anno.*

1.   72 L'Imitation de J. C. trad. par de Beuil. *Paris* , 1717. *in*-12.

73 L'Imitation trad. en vers par P. Corneille. *Paris* , 1670. *in*-12.

1. 4   74 Le Chemin de l'Amour Divin. *Paris* , 1748. *in*-12.

75 Mallebranche : de l'Amour de Dieu. *Lyon*, 1707. *in*-12.

1. 6   76 Le même : Méditations Chrétiennes. *Cologne* , 1683. *in*-12.

77 Louis Abelly : Méditations. *Paris*, 1698. 2 *vol. in*-12.

78 De la Valliere : Réfléxions fur la miféricorde de Dieu. 1. 9
Paris, 1688. *in-12.*

SERMONAIRES ET POLEMIQUES.

79 Sermons de Maffillon. *Trev.* 1708. 3 *vol. in-12.* 2. 5
80 Le Petit Carême, du même. *Paris*, 1745. *in-12.* 2
81 Sermons & Penfées du P. Bourdaloue. *Par. Rigaua.* 54.
1707. 16 *vol. in-8.*
82 Abbadie : Vérité de la Religion Chrétienne : de la 4. 9
Divinité de J. C. *Rotterd.* 1688. 3 *vol. in-12.*
83 Pafcal : Penfées fur la Religion : *in-12.*   1. 10
84 Clarck : De l'exiftence & des attributs de Dieu, des 2. 16
devoirs de la Religion naturelle, & de la vérité de la
Religion Chrét. trad. par Ricotier. *Amft.* 1717. *in-12.*
85 Houtteville : Religion prouvée par les faits. *Paris*, 1.
1722. *in-4.*
86 Fénelon : Exiftence de Dieu. *Paris*, 1733. *in-12.* 1.
87 La Chambre : Traité de la véritable Religion, &c. 16. 15
Paris, 1737. 5 *vol. in-12.*
88 Le François : Preuves de la Religion de J. C. *Paris*, 5. 19
1751. 4 *vol. in-12.*
89 Examen du Catéchifme de l'honnête homme, ou
Dialogue entre un Caloyer & un homme de bien.
Brux. 1764. *in-12.*

5. 3

THEOLOGIENS HETERODOXES.

90 David Hume : Hiftoire naturelle de la Religion. 6. 15
Amft. 1759. *in-8.*
91 Wolafton : Ebauche de la Religion naturelle. *La
Haye*, 1726. *in-4.*
92 Chriftianity as old, as the Creation : or the Gofpel 1.
a republication of the Religion of nature. *London*,
1732. *in-8.*

93 . . . .

. . . .

94 Edwin Sandis : de l'état de la Religion. *Genève*, 1616. 2.
6 *vol. in-12.*

95 . . . .

2.12 96 Beveridge : Pensées secretes sur la Religion. *Amst.* 1731. 2 *Tomes* ; 1 *vol. in-12.*

97 . . . .

4.10 98 Chubb. Mémoires concernant la Théologie & la Morale. *Amsterd.* 1732. *in-12.*

1.19 99 Dissertation Théologique & Critique. *Londres,* 1734. *in-12.*

1.11 100 Système des Théologiens anciens & modernes concilié. *Londres,* 17.9. *in-12.*

3.15 101 La Friponnerie laïque des prétendus Esprits-forts d'Angleterre. *Amst.* 1738. *in-12.*

1.17 102 Th. Sherlock : Usage & fin de la Prophétie, trad. par Abr. le Moine. *Amst.* 1733. *in-8.*

3. 103 Préambule sur les Prophétes qui écrivent avant le temps : *in-8. mss.*

8. 104 Collins : The scheme of literal Prophecy. *London,* 1726 *in-12.*

1. 105 Parisot : La Foi dévoilée par la raison dans la connoissance de Dieu. *Paris,* 1681. *in-8.*

3. 106 La Religion de S. Paul, ou idée que cet Apôtre donne de la Religion qu'il croit & qu'il professe, trad. de l'Anglois. *Londres,* 1722. *in-8.*

8. 107 Jacq. Serces : Traité des Miracles. *Amsterd.* 1729. *in-12.*

2.12 108 Opinions des Anciens sur la nature de l'Ame, & sur les Juifs : *in-8. mss.*

2. 109 Le Moine : Les Témoins de la Résurrection de Jésus-Christ examinés & jugés. *La Haye,* 1732. *in-8.*

3. 110 Guil. Sherlock : De la mort & du jugement dernier, trad par David Mazel. *Amst.* 171.. 2 *vol. in-8.*

2. 111 T. Burnet : Etat des Morts & des Ressuscitans, trad. par Pion. *Amst.* 1731. *in-12.*

1.17 112 Swinden : De la nature du feu de l'Enfer, traduit par le même. *Amst.* 1757. *in-12.*

113 . . . .

1.5 114 Thom. Brown : Religio Medici. *Lugd. Bat.* 1644. *in-12.*

115 . . . .

216 Bened. Spinofæ opera pofthuma : 1677. *in-*4.   6.
217 · · · · · · · · · · · · · · · · ·

118 Réfutation des erreurs de Spinofa. *Bruxelles,* 1731. 9. 17
*in-*12.

119 Mohammedis filii Abdallæ Pfeudo-Prophetæ fides 5. 19
Iflamitica , id eft Alcoranus , ex arabico - latine ,
ex edit Chrifti. Reineccii. *Lypfiæ,* 1721. *in-*12.

JURISPRUDENCE.

DROIT CANONIQUE.

120 Nic. Freroti : Paratitlæ Juris Canon. *Par.* 1603. *in-*12
121 Delpech : des bornes de la Puiffance Eccléfiaftique 1.
& de la Puiffance Civile. *Amft.* 1734. *in-*8.
122 Jacq. le Pelletier : Inftruction pour obtenir en cour
de Rome toutes fortes de Bénéfices, Difpenfes, &c.
Paris, 1682. *in-*12.
123 Lettres *ne repugnate,* &c. 1750. *in-*12.   1. 4
124 Recueil de Piéces pour & contre les immunités
Eccléfiaftiques : 1750. *in-*12.
125 Réglement de la Trappe. *Paris,* 1741. Relation 1.
contenant la Defcription de la Trappe. *Paris,* 1741.
*in-*12.
126 Conftitution de Port Royal. *Mons,* 1665. *in-*12.
127 Conftitutions des Religieux de la Charité : 1717. 1.
*in-*12.

DROIT DE LA NATURE ET DES GENS.

128 Montefquieu : de l'Efprit des Loix. *Genève,* 2 vol. 8. 19
*in-*4.
129 Le même. *Genéve,* 1749. 3 vol. *in-*8.   6.
130 Burlamaqui : Principes du Droit Naturel. *Genève,* 2. 10
1747. *in-*4.
131 Le même : *in-*12.   1. 18
132 Mably : Droit public de l'Europe, fondé fur les 1. 12
Traités conclus jufqu'en 1740. 2 vol. *in-*12.

2.ᵐ 8   133 Hug. Grotius : de Jure Belli ac pacis. *Amft.* 1651,
        in-8.

1.   134 Liberté de Confcience refferrée dans des bornes
        légitimes. *Londres*, 1755. *in*-12.

       135 . . . .

1. 10   136 Recueil de différentes Piéces fur l'affaire du Sieur
        Calas : *in*-8.

2.   137 De Wicquefort : l'Ambaffadeur & fes fonctions.
        Cologne, 1715. 2 *vol. in*-4.

DROIT FRANÇOIS.

138 Ordon. (civile) de Louis XIV. de 1667. *Paris*,
     1741. *in*-16.

139 Ordon. de Louis XIV. de 1669, concernant la
     Juftice. *Paris*, 1700. *in*-24.

2. 2   140 Ordon. (criminelle) de Louis XIV. de 1670. *Paris*,
     1718. *in* 24.

141 Code Pénal, ou Recueil des Ordon. Edits, Décla-
     rations fur les crimes & délits. *Paris*, 1755. *in*-12.

142 Ordon. de Louis XIV. de 1669, fur les Eaux &
     Foréts. *Paris*, 1703. *in* 16.

143 Ordon. de Louis XIV. de 1673, concernant le
     Commerce. *Paris*, 1725. *in*-24.

1. 10   144 Ordon. de Louis XIV. de 1630, fur les Gabelles.
     Paris, 1721. *in*-24.

1. 4   145 Ordon. de Louis XV. concernant les Donations,
     Infinuations, Teftamens, &c. Les affaires de nature
     à être portées au Confeil. *Paris*, 1740. 2 *vol. in*-16.

1.   146 Edits, Déclarations, Ordonnances, concernant la
     Juftice, Police, & Finances *Paris*, *in*-24.

8 5.   147 De Lamare : Traité de la Police. *Paris*, 1722. 4
     vol. in-fol. fig.

2. 10   148 Code de la Police, ou Analyfe des Reglemens de
     Police. *Paris*, 737 *in*-12.

149 Edits, Ordon. Reglements fur le fait des Mines &
     Minieres de France. *Paris*, 1728. *in*-12.

150 Franç. Garrault Sieur des Gorges : Sommaire des
     Edits & Ordon. fur la Cour des Monnoyes, & de fes
     Officiers. *Paris*, 1632. *in*-12.

151 Ordon. sur les Monnoyes, depuis 1561, jusqu'en 3.11
1654. 3 vol. *in-12.*

152 Germain Conftant : de la Cour des Monnoies, 14.19
& de fa Jurifdiction. *Paris*, 1658 *in-fol.*

153 Abot de Bazinghen : Traité des Monnoies & de 15
la Jurifdiction de la Cour des Monnoies, en forme
de Dictionnaire. *Paris*, 1764, 2 vol. *in-4.*

154 Recueil d'Edits, Déclarations, Arrêts, concernant 2.19
les Arts & Métiers du Royaume. *Paris*, 1701. *in-8.*

155 Recueil des Réglemens généraux & particuliers 35.19
concernant les Manufactures & les Fabriques du
Royaume. *Paris*, 1730. 4 vol *in-4.*

156 Dictionnaire de Légiflation, de Jurifprudence & 1.10
de Finances fur toutes les Fermes. *Avignon*, 1763.
in-4.

157 Tarifs des Droits d'entrée & de fortie, fur les 1.10
marchandifes & denrées. *Rouen*, 1725. 2 vol. *in-12.*

158 Argou : Inftitution au Droit François, aug. par 5.4
Boucher d'Argis. *Paris*, 1753 2 vol. *in-12.*

159 Lange : Le nouveau Praticien François. *Par.* 1729. 5.
2 vol. *in-4.*

160 Langloix : Principes généraux de la Coutume de 1.
Paris. *Paris*, 1742. *in-24.*

161 Cl. Ferriere : Commentaires fur la Coutume de 2.11
Paris. *Paris*, 1728. 2 vol. *in-12.*

162 Marefchal : Traité des Droits honorifiques. *Par.*
1665. *in-4.* 1.10

163 Aubery : De la Régale. *Paris*, 1678. *in-4.*

164 Richard : De l'Indult du Parlement. *Paris*,
1723. *in-8.* 1.4

165 Obfervations fur le traité du Péculat. 1666. *in-12.*

166 Mémoire à confulter pour la famille du fieur Du-
pleix. *Paris*, 1751. *in-·.* 1.10

167 Statuts & Privileges des Marchands Orfevres-Joail-
liers de la Ville de Paris. *Paris*, 1734. *in-4.*

B E L L E S - L E T T R E S.

GRAMMAIRES ET DICTIONNAIRES.

168 Nic. Abramus : Epitome rudimentorum linguæ hebraicæ. *Parif.* 1645. *in-*4.

169 Nouvelle méthode pour apprendre facilement les langues hébraïque & chaldaïque. *Paris,* 1708. *in-*8.

170 C. Lancelot : Grammaire générale & raifonnée. *Paris,* 1676. *in* 12.

171 Ambrofii Calepini Dictionarium octo lingue ex edit. de la Cerda. *Lugd.* 1663. *in-fol.*

172 Corn. Schrevelii Lexicon manuale græco-latinum & lat. græ. *Lugd. Bat.* 1654. *in-*8.

173 Le Jardin des Racines grecques. *Par.* 1601. *in-*12.

174 Abrégé de Méthode latine a l'ufage des jeunes gens qui fe difpofent à aller au College. *Paris,* 1732. *in* 8.

175 Méthode latine d'interprétation, (par du Marfais.) *in-*4. *br.*

176 Lud. Magniez : Diction. novitius , latino-gallicum. *Par.* 1721. 2 tom. en 1 ol. *in-*4.

177 Boudot : Diction. latino-gallicum. *Par.* 1708. *in-*8.

178 Buffier : Grammaire françoife. *Paris,* 773. *in* 12.

179 Reflaut : Principes généraux & raifonnés de la Grammaire françoife. *Paris,* 1736. *in* 12.

180 Du Marfais : Des Tropes , ou des différens fens dans lefquels on peut prendre un méme mot dans une méme langue. *Paris,* 1730. *in* 8.

181 Dictionnaire univerfel , françois-latin , dit Dictionnaire de Trévoux. *Paris,* 1732. 5. *vol. in-fol.*

182 Richelet : Dictionnaire françois. *Geneve,* 1680. 2 *vol. in* 4.

183 Apparat Royal , françois-latin. *Rouen,* 1731. *in-*8.

184 Richelet : Dictionnaire des Rimes. *Paris,* 1702. *in-*12

185 Antoine d Montmaran : Synonymes & Epithetes françoifes. *Paris,* 1645. *in* 12.

186 Oudin : Grammaire italienne. *Lyon,* 1649. *in-*8.

187 Le même : Dictionnaire italien-françois. *Paris* 3. 10
1663. *in-4*

188 Arte de la lengua general del Ynga por el D. Este- 2.
van. 1691. *in-12.*

189 Ferrus : Nouvelle Grammaire espagnole. *Lyon*,
1704. *in-12.*
 1. 4
190 De Vayrac : Nouvelle Grammaire espagnole. *Par.*
1714. *in-12.*

191 Sobrino : Dict. espagnol & françois. *Bruxelles*, 11. 19
1734. 2 *vol. in-4.*

192 Cl. Mauger : Grammaire angloise. *Londres*, *in-8.*

193 Boyer : Dictionnaire anglois françois, françois- 6. 6
anglois. *Amster.* 1719. 2 *tom. en* 1 *vol. in-4.*

194 Le même : Abrégé. *Londres*, 1738. 2 *vol. in-8.* 8. 8

195 Miege : Dictionary french and english, english 12. 10
and french. *Lond.* 168 . 2 *vol. in-fol.*

196 A collection of english words, by John Ray.
Lond. 1691. *in-12.*

197 Theod. Spieseri lexicon universale latino germa- 4.
nicum, & germanico-latinum. *Basilea*, 1716. 2
vol. in-8.

198 Dictionnaire allemand-françois, & françois-alle- 3.
mand, dit du Voyageur. 1718. 2 *vol. in-8.*

RHETORIQUE ET ORATEURS.

199 La Rhétorique de l'honnête homme. *Amsterdam*,
1700 *in-12.*
 1. 19
200 D'Olivet : Trad. des Philippiques de Démosthene,
& Catilinaires de Ciceron. *Paris* 1744. *in* 12.

201 Colin : Trad. du Traité de l'Orateur de Ciceron. 4. 10
Paris, 1737. *in-12.*

202 De Villefort : Les Oraisons de Ciceron. *Par.* 1732. 11. 4
8 *vol. in-12*

203 Bouhier : Remarques sur Ciceron. *Paris*, 1746.
in-12.

204 Morabin : Traité des Loix de Ciceron. *Paris*, 1.
1717. *in-12.*

205 Mongault : Lettres de Ciceron à Atticus. *Paris*, 18. 19
1738. 6 *vol. in-12.*

206 Prevost : Lettres familieres de Ciceron, traduites

en franç. avec des notes. *Paris*, 1745. 5 *vol.* *in-12.*

207 Du même : Lettres de Ciceron à Brutus, & de Brutus à Ciceron. *Paris*, 1744 *in-12.*

208 D'Olivet : Trad. des Tusculanes de Ciceron. *Par.* 1747. 2 *vol. in-12.*

209 Du même : Pensées de Ciceron. *Par.* 1748. *in-12.*

210 Discours prononcés à l'Académie en 1741, à la réception de M. de la Condamine. *Par.* 1761. *in-4.*

POETES GRECS ET LATINS.

211 J. B. du Bos : Réflexions sur la Poësie & la Peinture, *Paris*, 1740. 3 *vol. in-12. v.*

212 Le Plutus & les Nuées d'Aristophane, com. trad. par Mademoiselle Lefevre. *Paris.* 1684. *in-12.*

213 De la même : Les Poësies d'Anacréon & de Sapho. 1681. *in-12.*

214 Titi Lucretii Cari de rerum natura libri sex. *Paris.* 1659. *in-8.*

215 Idem. *Londini Tonson*, 1712. *in 4. c. m.*

216 Catullus Tibullus, Propertius cum C. Galli fragmentis, *Amst.* 1630. *in-16.*

217 P. Virgilii Maronis opera cum notis Farnabii. *Amst.* 1650. *in-16.*

218 Q. Horatii Flacci opera. *Paris* 1674. *in-12.*

219 Idem. Cum J. Rutgersii lectionibus. *Trajecti*, 1709. *in-12.*

220 P. Ovidii Nasonis Metamorphoseon libri XV. cum not. Farnabii. *Amst* 1650. *in-12.*

221 De Bellegarde : Métamorphoses d'Ovide. *Paris*, 1701. 2 *vol. in-12.*

222 M. Annæi Lucani Pharsalia cum not. Farnabii. *Amst.* 1665. *in-12.*

223 Brebœuf : Trad. de la Pharsale de Lucain. *Paris*, 1655. *in-4.*

224 La même. *Cologne*, 1677. *in-12.*

225 D. Junii Juvenalis, & Auli Persii Flacci satyræ. *Amst.* 167. *in-24.*

226 Acute dicta veterum Poëtarum latinorum. *Paris.* 1664. *in-12.*

POETES FRANÇOIS, ITALIENS ET ANGLOIS.

227 Claude Fauchet : Recueil de l'origine de la Langue
& Poësie françoise. Pa is , 1610. *in-4.*

228 La Poëtique de Jules de la Mesnardiere. *Paris ,*
1640. *in-4.*

229 Œuvres de Clément Marot. *La Haye ,* 1700. 2
tom. en 1 *vol. in-12.*

230 Les mêmes. *La Haye ,* 1702. 2 *vol. in-12.*

231 Le Démosterion de Roch le Baillif. *Rennes ,*
1578. *in-4.*

232 Œuvres de Malherbe. *Paris ,* 1689. *in-12*

233 Boilleau , avec les éclaircissemens & les notes de
Brossette. *Geneve ,* 1716. 2 *vol. in-4. maroq.*

234 Contes de J. B. de la Fontaine. *Amst.* 1685. *in-12.*

235 Les mêmes. *La Haye ,* 1733. *in-12.*

236 Fables du même. *Londres ,* 1708. *in-12.*

237 Les mêmes, avec les notes de P. Coste. *Par.* 1743.
in-12.

238 Œuvres de J. B. Rousseau. *Rotterdam ,* 1712. 3
vol. in-12.

239 Œuvres choisies du même. *Par.* 1741. *in-12.*

240 Odes de la Motte. *Paris ,* 1711. *in-12.*

241 L'Iliade , du même. *Paris ,* 1714. *in-12.*

242 Les Fables , du même. *Par.* 1729. *in-4. g. p. fig.*

243 La Henriade de M. de Voltaire. *Londres ,* 1730.
in-8.

244 Œuvres du Philosophe de Sans Soucy. 1750. 2
vol. in-8.

245 Ollivier, Poëme. *Paris ,* 1763. *in-12.*

246

247 Mém. pour servir à l'Histoire de la Calotte. 1735.
3 par. 1 *vol. in-12.*

248 Recueil de Poësies & Chansons mss. *in-fol.*

249 Elite de Poësies fugitives. *Londres ,* 1764. 3
vol. in-12.

250 Mirabeau : Trad. de la Jérusalem délivrée du Tasse.
Paris , 1724. 2 *vol. in-12.*

251 Il Pastor fido trag. com. di Batt. Guarini. *Parig.*
1606. *in-12.*

252 Dupré de Saint-Maur : Trad. du Paradis perdu de

Milton. *Paris*, 1729. 3 *vol. in*-12.

6.ª 253 Butler : Hudibras poëme trad. 1757. 3 *vol. in*-
12. *fig.*

AUTEURS DRAMATIQUES.

1. 254 Fr. Riccoboni : L'Art du Théâtre. *Par.* 1750. *in*-8.

7. 11. 255 Théâtre de P. Corneille. *Par.* 1706. 6 *vol in*-12.

10. 19. 256 Œuvres de Moliere. *Paris*, 1710. 8 *vol. in*-12. *fig.*

2. 19. 257 Liasse de pieces de Théâtre & de Poësie. *in* 8. &
in-12.

258 Malagrida, Tragédie, 1763. Réflexions sur l'O-
péra *in*-12.

259 Il Catone, Trag. trad. d'all. inglese. *Venezia*,
1715 *in* 2. br.

18. 260 De la Place : Trad. du Théâtre anglois. *Paris*,
1745. 8 *vol in*-12.

MYTHOLOGIE, CONTES, NOUVELLES
ET ROMANS.

261 Natalis Comitis, Mythologiæ five explicationis
Fabularum libri decem *Parif.* 1605. *in*-8.

262 Mythologie, ou Explication des Fables, par de
Montlyard. *Lyon*, 1604. *in*-8.

3. 263 Francisci Pomei pantheum Myticum. *Lugd.* 1659.
in-12.

264 Opuscula Mythologica ethica & Physica græc.
lat. *Cantab.* 1671. *in*-8.

1. 265 C. Julii Hygini, Augusti Liberti, veterumque
aliorum fabuliftarum libri. *Parif.* 1578 *in*-8

7. 266 Tableaux du Temple des Mufes, par de Marolles.
Amfterd. 1676. *in*-4. *fig.*

1. 267 Chompré : Diction. abrégé de la Fable. *Paris*,
1745. *in*-12.

5. 268 Lenglet du Frefnoy : Ufage & Bibliotheque des
Romans. *Amft.* 1734. 2 *vol. in*-12.

269 Jo. Barclaii Argenis. *Amft.* 1642. *in*-16.

16. 15. 270 Le Roman de la Rofe, par Guil. de Loris & Jean
de Meun *Paris*, 1735. 3 *vol. in*-12.

3. 8. 271 Prevoft : Contes, Avantures & Faits fiuguliers.
Paris, 1764. 2 *vol. in*-12.

272 Du même : Histoire du Chevalier Grandisson. 12.
Amst. 1755. 4 vol. in-12.

273 Du même : Hist. de Miss. Clarisse Harlove. Lond. 14. 4
1751. 6 vol. in-12.

274 Du même : Mém. pour servir à l'Histoire de la 3. 12
Vertu. 1762. 2 vol. in 12.

275 Du même : Le Monde Moral, ou Mémoire pour 2.
l'histoire du Cœur Humain, 1760 2 vol. in-12.

276 Du même : L'Homme, ou le Tableau de la Vie, 5.
Paris, 1764. 3 vol. in-12. fig.

277 Du même : Pamela, ou la Vertu récompensée, Lon- 6.
dres, 1742. 2 vol. in-12.

278 Madame Riccoboni, Amélie, traduction de Fiel- 2. 4
ding, Paris, 1762. 2 vol. in-12.

279 Amours de Daphnis & Chloé, in-12. fig. 1. 9
280 Anecdotes, ou Histoire Secrette de la maison Otto- 1. 4
mane, Trévoux, 1722, in-12.

281 Duperon de Castera : Avantures de Palmerin & de 2. 10
Thamire, Paris, 1738. 2 vol. in-12.

282 Fenelon : Aventures de Télemaque, 1699. in-12. 1. 5
283 La Belle au Crayon d'or, 1765, ...
Soliman & Almena, 1765. brochure. . . . . . .

284 . . . . 3. 2

285 Les cent Nouvelles Nouvelles, la Haye, 1733.
2 vol. in-12.

286 L'Histoire du Chevalier du Soleil, Londres, 1749. 1. 5
2 tom. en 1 vol. in-12.

287 . . . .

288 Contes de Guillaume Vadé, 1764. in-8. . . . . . 2. 11

289 Swift : Le Conte du Tonneau, la Haye, 1732. 2 vol. 4. 12
in-12. fig.

290 Contes & Discours d'Eutrapel, par de la Hérissaye,
1597. in-8.

291 L'Heptameron : Des Nouvelles de Marguerite de 1. 4
Valois, Paris, 1559 in-4.

292 Contes & Nouvelles de Marguerite de Valois, la 2. 5
Haye, 1733. 2 vol. in-12.

293 Marmontel : Contes Moraux, 1761. 2 vol. in-12. 7. 12

294 Mᵉ Uncy : Contes Moraux, Paris, 1763. 2 vol. in-12. 2.

295 . . . .

296 Daira : Histoire Orientale, 1761. 2 vol. in-12.

3.   { 297 Decamerone di Boccaccio, *Venet.* 1516. *in-8. manca il titolo.*

1. 19   298 An. le Maçon, trad. du Decameron de Boccace, *Paris,* 1570. 2 *vol. in-*12.

2. 10   299 Contes & Nouvelles de Bocace, *la Haye,* 1732. 2 *vol. in-*12.

       300

       { 301 Hift. de Donna Olimpia Maldachini, *Leyde,* 1666. *in-*12.

9. 17 { 302 Don Quixotte, *Hol* 1681. 5 *vol. in-*12. *fig.*

       { 303 L'Enfant Trouvé, ou Mém. de Menneville, *la Haye.* 1763 *in-*12.

1. 17 } 304 L'Enfantement de Jupiter, ou la Fille fans mere, 1763. *in-*12.

2. 9   305 Elifabeth, 1766. 4 *vol. in-*12.

1. 7   306 Les Ecoffeufes, ou les Œufs de Pâques, 1739. Etrenne de la faint Jean, *in-*12.

3. 12   307 Fielding : Avantures de Roderic Random, 1761. 3 *vol. in* 12.

1. 19   308 Giphanti, 1760 *in-*12.

1.   309 Henriette de Maranne, ou Mémoire du Chevalier de Preffac, 1763. *in-*12.

2. 8   310 L'heureufe Victime, ou le Triomphe du Plaifir, 1761.
       Tantpis pour lui, ou l'Amant Salamandre, 1761. *in-*12.

1. 10   311 Hiftoires Angloifes de Milord Feld, arrivés à Fontainebleau. *La Haye,* 1763. *in-*12.

       312

3. 3   313 Les Hommes Volans, ou Avantures de Pierre Wilkins, *Paris,* 1763. 3 *vol. in-*12. *fig.*

2.   314 L'humanité, ou l'Hiftoire des Infortunes du Chevalier Dampierre, Anecdoctes fecrettes des dernieres révolutions de Perfe, *Paris,* 1765. 2 *vol. in-*12.

1. 5   315 Impoftures innocentes, ou Opufcules de * * * Pfaphion : Les Hommes de Promethée, Serpille & Lilla, 1761. *in-*12.

3. 15   316 Me. Riccoboni : Hift. de Miff Jenny, *Paris,* 1764. 2 *vol. in-*12. *fig.*

2.   317 L'Eleve de la Nature, *Paris,* 1764. *in-*12.

10   318 J. J. Rouffeau : Lettres de deux Amans, habitans
d'une

d'une petite ville au pied des Alpes. *Amst.* 1761. 6
vol. *in* 8.

319 Lettres de Cécile à Julie, ou les Combats de la Na-
ture, *Amsterd.* 1764, *in-*12.

320 Madame Riccoboni : Lettres de Juliette Catesby.
Amst. 1759. *in-*12.

321 Lettres de Milady Wortlay Montagutte. *Londres*,
1764, 2 tom. 1 vol. *in-*12.

322 Lettres de Miff Elizabeth Aureli, 1765. *in-*12. *br.*

323 Lettres de Mademoiselle Dejuffy. *Paris*, 1762.
*in-*12.

324 Lettres du Marq. de Roselle. *Paris*, 1764. 2 vol.
*in-*12.

325 Melon : Mahmoud le Gafnevide, Hiftoire orien-
tale, *Roterdam*, 1729, *in-*8. *br.*

326 Maria, ou les véritables Mémoires d'une Dame
illuftre. *Londres*, 1765. *in-*12.

327 Mémoires d'Azema : Anecdoctes curieufes de Pierre
le Grand, Empereur de Ruffie & de l'Impératrice Ca-
therine fon époufe. *Amst.* 1764. 2 tom. 1 vol. *in-*12.

328 Mémoires de Miledy B**, *Paris*, 1760. 2 vol.
*in-*12.

329 Mémoire de Miff Sidney Bidulph, *Amst.* 1762. 3
vol. *in-*12.

330 Mémoires du Chevalier de Berville, ou les deux
Amis retirés du monde. *Paris*, 1763. *in-*12.

331 Hamilton : Mémoire du Comte de Grammont.
Cologne. 1713. *in-*12.

332 Chevrier : Mémoire d'une honnête Femme, 1763.
*in-*12.

333 Mémoires en forme de Lettres de deux jeunes
Perfonnes de qualité, *Paris*, 1765, 2 vol. *in-*12.

334 Mém. Hiftoriques & Politiques de Mehemet II
&c. *Paris*, 1764. 2 vol. *in-*12.

335 Meffieurs Saurin & Helvetius : Mirza & Fatmé. *La
Haye.* 1754. *in-*12.

336 Le Nouvel Abaillard, ou Lettres d'un Singe, au
Docteur Abadolfs. *Paris*, 1763. *in-*12.

337 Le Philofophe Negre, ou les Secrets des Grecs,
1764. *in-*12.

338 La Philofophe par Amour, ou Lettres de deux

Amans paſſionnés & vertueux. *Paris*, 1765. 2 *vol.* *in-*12. *broc.*

δ. 10 339 Vie & Avantures de Robinſon Cruſoé, *Paris*, 1761. 3 *vol. in-*12. *fig.*

8. 15 340 Scarron : Roman Comique. *Par.* 1752. 3 *vol.* *in-*12.

341 Roſſet : trad. du Roland Furieux de l'Arioſte. *Paris*, 1545. *in* 8.

1. 10 342 Solyman & Almena. *Amſt.* 1765. *in-*12.

2. 2 343 Beroalde : Songe de Poliphile. *Paris*, 1600. *in-folio*, *fig.*

2. 344 Crebillon : Tanzai & Neardané. *Londres*, 1735. 2 *vol. in-*12.

4. 10 345 Vie & Avantures de J. Thompſon. *Paris*, 1762. 3 *vol. in-*12.

2. 6 346 Desfontaines : trad. des Voyages de Gulliver. *Paris*, 1762. 2 *vol. in-*12.

1. 10 347 Tiſſot : Voyages & Avantures de Jacques Maſſé. *Bordeaux*, 1710. *in-*12.

348 La vida de Lazarillo di Torme. *Anvers*, 1555. *in-*12.

1. 15 349 Zelaskim : Hiſtoire Ameriquaine. *Paris*, 1765. 2 *vol. in-*12.

PHILOLOGIE, SATYRES, DISSERTATIONS
ENJOUÉES; ET EPISTOLAIRES.

1. 4 350 Juliani Imperatoris Opera græ lat. ex edit. Petri Martinii & Caro. Cantoclari. *Paris*, 1583. *in-*12.

351 Agrippa de Incertitudine & Vanitate ſcientiarum, *Pariſ.* 531. *in-*8.

2. 352 Le même : Traduit, 1582. *in-*8.

353 Rolin : Des Etudes. *Paris*, 1730. 4 *vol. in-*12.

7. 4 354 Dacier : (Madame) des Cauſes de la Corruption du Goût, *Paris*, 1714. *in* 12.
1.

355 Cartaud de la Vilate : Eſſai Hiſtorique & Philoſophique ſur le Goût. *Paris*, 1736. *in-*12.

1. 10 356 André : Eſſais ſur le Beau. *Paris*, 1741. *in* 12.

357 La Motte le Vayer : Hexameron Ruſtique, *Amſt.* 1698. *in-*12.

1. 10 358 Bouhours : Maniere de bien penſer. *Paris*, 1705. *in-*12.

359 Du même : Entretiens d'Ariſte & d'Eugenes. *Paris*, 1683. *in-*12.

360 Petronii Arbitrii Satyricon. *Lut. Parif.* 1587. *in-8.* 1. 10
361 Petrone : De la traduction de Nodot. *Cologne,* 1694. 2 *vol. in-12.*
362 Œuvres de Fran. Rablais, 1675, 2 *vol. in-12. mar.* 4. 19
363 Les mêmes : Avec les notes de Le Duchat. *Amster.* 10. 1732. 6 *vol. in-8.*
364 Henri Etienne : Appologie pour Herodote, ou 6. 6 Traité de la conformité des Merveilles, anciennes & modernes, avec des remarques, par Le Duchat. *La Haye,* 1735. 3 *vol. in-8.*
365 Cymbalum mundi, avec des notes de Prosper Marchand. *Amst.* 1732. *in-12.*
366 Nouveaux Dialogues des Morts. *Amsterdam,* 1. 4 1694. *in-12.*
367 Marquis d'Argens : Mémoires secrets de la République des Lettres. 3 *vol. in-12 br.*
368 Recueil de facéties parisiennes. 1760. *in-8.* 1. 17
369 Irail : Querelles littéraires, ou Mémoires pour 4. l'Histoire des révolutions de la République des Lettres. *Paris,* 1761. 4 *vol. in-12.*
370 Ab. Chaumaix : Préjugés légitimes, & Réfutation 1. 4 de l'Encyclopédie. *in-12.*
371 Revue des feuilles de Freron. 1756. *in-12.* 1. 2
372 La Wasprie, ou l'Ami Wasp. 1761. 2 *tom. en* 1 1. 4 *vol. in-12.*
373 P. d'Ablancourt : Trad. de Lucien. *Paris,* 1688 2. 3 *vol. in-12.*
374 A. Giflenii Busbequii opera. *Amst.* 1660. *in-24.*
375 Et. Tabourot : Les Bigarrures & touches, apo- 2. phtegmes de Gaulard, &c. *Rouen,* 1648. *in-8.*
376 Œuvres de Voiture. *Paris,* 1706. 2 *vol. in-12.* 1. 5
377 Œuvres de Cyrano de Bergerac. *Amst.* 1709. 2 *vol.* 2. 8 *in-12. fig.*
378 Œuvres de Saint-Réal *Amst.* 1740. 6 *vol. in-12.* 10
379 Œuvres de Saint-Evremond. *Londres,* 1706. 5 3. 15 *vol. in-12.*
380 Œuvres de Benserade. *Paris,* 1697. 2 *vol. in-12.* 1. 4
381 Œuvres de Segrais. *Amst.* 1723. *in-12.*
382 Paul. Colemeſii Opuscula. *Paris,* 1668. *in-12.* 3. 12
383 Bourdelot : Conversations académiques. *Paris,* 1672. 3 *vol. in-12.*
384 Perroniana. *Geneva,* 1667. *in-12.*

385 Chapelain : Mêlanges de littérature. *Par.* 1726. *in*-12.

386 Fontenelle : Œuvres diverses. *Paris*, 1707. 5 *vol. in* 12.

387 Collections des Œuvres de M. de Voltaire. *Geneve*, 1756 *& fuiv.* 25 *vol. in*-8

388 Plufieurs ouvrages détachés du même. *in*-8. & *in*-12. 8°. 4

389 Trublet : Effais de Littérature & de Morale. *Par.* 1735. *in*-12.

390 Differtations mêlées fur divers fujets importans & curieux. *Amft.* 1740. 2 *vol. in*-12.

391 Recueil de divers Ecrits fur l'Amour, l'Amitié, la Volupté, le Sentiment, l'Efprit & le Cœur. *Par,* 1736. *in*-12. *br.*

392 Amufemens férieux & comiques. 1699. Bellegarde : Modeles de converfation. 1699. *in*-12.

393 M. d'Alembert : Mêlanges de Littérature & de Phi-lofophie. *Londres*, 1742. 2 *vol. in*-12.

394 Recueil de ces Meffieurs. *Amft.* 1745. *in*-12.

395 Variétés férieufes & amufantes. *Paris*, 1765. 4 *vol. in*-12.

396 Recueil A. B. C. *Fontenoy*, 1745. *in*-12.

397 Panckoucke : L'Art de défopiler la rate. 1756. *in*-12.

398 Madame Riccoboni : Pieces détachées. *Paris*, 1765. *in*-12.

399 Recueil anglois de morceaux choifis en tout genre. *Amft.* 1763. *in*-12.

400 Extraits de divers Auteurs, Penfées, Poëfies, Extrait de Lucrece, &c. *in fol. mff.*

401 . . . .

402 L'Efprit de l'Abbé Desfontaines, ou Réflexions fur différens genres de Littérature. *Paris*, 1757. 4 *vol. in* 12.

403 Penfées de J. J. Rouffeau. *Amft.* 1763. *in*-8.

404 Efprit, Maximes & Principes de J. J. Rouffeau. *La Haye*, 1764. *in*-12.

405 N. Bibliotheque de Littérature, d'Hiftoire, ou Choix des meilleurs morceaux tirés des ana. *Paris*, 1765. 2 *vol. in*-12.

406 Recueils de pieces de différentes matieres. 9 *vol.* 8.
in-12. & 1 *vol. in-4.*

407 Grimarets : De la maniere d'écrire des Lettres, &
du Cérémonial. *Paris*, 1709. *in-12.*

408 Bayle : Lettres choifies, avec des remarques. *Rot-
terdam*, 1714. 3 *vol. in-12.*

409 Lettres Françoifes & Germaniques, fur les Fran-
çois & les Allemands. *Londres*, 1740. 1 *vol. in-12.*

410 D'Argent, Lettres Juives. *La Haye*, 1736 6 *tom.*
3 *vol. in-12.*

410 *Du même* : Lettres Cabaliftiques. *La Haye*, 1741.
6 *tom en* 3 *vol. in-12.*

411 Madame de Graffigny : Lettres Peruviennes. *in-12.*

412 J. J. Rouffeau à d'Alembert, fur l'article Geneve,
& fur le projet d'établir un Théâtre à Geneve. *Amft.*
1758. *in-8.*

413 Lettre d'un Citoyen de Geneve. 1763. *in-12.*

414 Montefquieu : Lettres Perfanes. *Cologne*, 1730.
in-12.

HISTOIRE.

GEOGRAPHIE.

416 Robbe : Méthode pour apprendre la Géographie.
Paris, 1695. 2 *vol. in-12. fig.*

417 Le François : Méthode pour apprendre la Géogra-
phie. *Paris*, 1708. *in-12.*

418 Jean Hubner : Abrégé de la vieille & nouvelle
Géographie. *Amft.* 1735. 2 *vol. in-8.*

419 Elémens de Géographie ; 1740. *in-8.*

420 Maty : Diction. Géographique, Univerfel, tiré
de celui de Baudrand. *Amft.* 1701. *in-4.*

421 Vofgien : Dictionnaire Géographique-Portatif. *Par.*
1747. *in-8.*

421 * L'Italie & l'Allemagne, de Duval. *Paris*, 1668.
in-12. fig.

422 Recueil de Cartes Géographiques de Jaillot, de
l'Ifle, Sanfon, &c. 2 *vol. in-fol.*

423 Atlas de Frederick de Wit, *in fol.*

424 D'après de Mannevillette : Routier des Côtes des

Indes Orientales & de la Chine. *Paris*, 1745. *in-4.*
425 2 Porte-feuilles de Cartes, Plans, &c. *in-fol.*

VOYAGES.

415 L'Abbé Prévost : Histoire générale des Voyages. *Paris*, 1746. 17 *vol. in-4. fig.*

416 Giro del mondo di Gio Francefco Gemelli Careri. *Venetia*, 1719. 9 *vol. in-12. fig.*

417 Le même, traduit. *Paris*, 1727. 6 *vol. in-12. fig.*

418 Woodes Roger : Voyage autour du monde. *Amft.* 1723. 3 *vol. in-12. fig.*

419 Mel. Thevenot : Voyage d'Afie & d'Afrique. *Amft.* 1727. 5 *vol. in-12. fig.*

420 George Anfon : Voyage autour du Monde. *Amft.* 1749. *in-4. fig.*

421 Miffon : Voyage d'Italie. *La Haye*, 1727. 4 *vol. in-12. fig.*

422 Joh. Ray : Obfervations Topographical, Moral, Phyfiological meadin a Journey trough Part of Germany, Italy and France. *London*, 1673. *in-8.*

422 * Relation de plufieurs Voyages faits en Hongrie, &c. trad. de l'Angl. d'Edouard Browne. *Par.* 1674. *in-4.*

422 ** Voyage d'Efpagne (par l'Abbé de Saint-Morice.) *Cologne*, 1666. *in-12.*

423 Franc. Henri Bruckmanni : Epiftolæ itinerariæ : 1718. *in-4. fig.*

424 De Singlande : Mémoires & Voyages. *Paris*, 1765. 2 *vol. in-12.*

424 * Les trois Ambaffades, du Comte de Carlifle vers le Czar de Mofcovie, & le Roi de Dannemarck. *Rouen* 1670. *in-12.*

425 Deshayes : Voyages en Dannemarck. *Par.* 1664. *in-12.*

426 J. Struys : Voyages en Mofcovie. *Amfterd.* 1681. *in-4. fig.*

427 Voyages en Mofcovie d'un Ambaffadeur de Léopold au Czar Alexis Mihalowics. *Leyde*, 1688. *in · 12.*

428 Johan. Frederic. Leopod. Itinerarium fuecicum. anni 1707. *Londini*, 1720. *in-8.*

429 Recueil de Voyages au Nord. *Amfterd.* 1715. 8 *vol. in-12. fig.*

430 Histoire de l'expédition de trois Vaisseaux aux Ter- 1 2
res Australes en 1721. *La Haye*, 1739. 2 tom. 1
vol. in-12.

431 Pitton de Tournefort : Voyage au Levant. *Lyon*, 15
1717. 3 *vol. in-8. fig.*

432 G. Wheler : Voyage en Dalmatie, Grece & Levant. 3. 9
La Haye, 1723. 2 *vol. in-12. fig.*

433 Granger : Voyage en Egypte. *Paris*, 1745. *in-12.* 2. 2

434 Henri Maundrell : Voyages d'Alep à Jérusalem.
Paris, 1706. *in-12. br.*
1.
435 J. B. Tavernier : Relation du Serrail. *Paris*, 1675.
in-4.

436 Adam Olearius : Relation d'un Voyage en Mos- 1. 11
covie, Tartarie & Perse. *Par.* 1666. 2 *vol. in-4. fig.*

437 Relation de la captivité & liberté d'Eman. d'A-
randa, Esclave à Alger. *Par.* 1665. *in-12.*
7. 8
438 J. B. Labat : Relation de l'Afrique Occidentale.
Paris, 1728. 5 *vol. in-12. fig.*

439 Du même : Voyage du Chev. des Marchais en 3.
Guinée, Iles voisines, & à Cayenne. *Paris*, 1730.
4 *vol. in-12. fig.*

440 Jean Mocquet : Voyages en Afrique, Asie, Indes 1
Orientales, & Occidentales. *Rouen*, 1645. *in-12.*

441 Dellon : Voyages aux Indes Orientales. *Paris*, 1. 4
1689. *in-12.*

442 Recueils des Voyages qui ont servi à l'établisse- 10. 10
ment & au progrès de la Compagnie des Indes Orien-
tales des Provinces - Unies. *Amsterd.* 1702. 7 *vol.*
in-12. fig.

443 Raveneau de Lussan : Journal du Voyage fait à la
Mer du Sud. *Paris*, 1689. *in-8.*
12. 19
444 Frezier : Voyage de la Mer du Sud. *Paris*, 1716.
in-4. fig.

445 Thomas Gage : Voyages. *Amsterd.* 1721. 2 *vol.* 11. 6
in-12. fig.

446 François Coreal : Voyage aux Indes Occidentales. 1. 10
Paris, 1722. 2 *vol. in-12. fig.*

447 J. B. Labat : Voyage aux Isles de l'Amérique. *Par.* 8. 19
1722. 6 *vol. in-12.*

448 Henri Ellis : Voyage à la Baye de Hudson, trad. 2.
par M. Selius. *Paris*, 1749. 2 tom. 1 *vol. in-12 fig.*

449 M. de la Condamine : Voyage de l'Amérique Méri-

dionale. *Paris*, 1745. *in* 8. *br. fig.*

450 Flacourt : Relation de l'Isle de Madagascar. *Par.* 1671. *in*-4.

451 Voyages avantureux du Cap. Martin Hoyarsabal, habitant de Cubiburu. *La Rochelle*, 1669. *in*-12.

451 * Histoire des Sevarambes, ou de la Terre Australe. *Amsterd.* 1716. 2 *vol. in*-12. *fig.*

CHRONOLOGIE ET HISTOIRE UNIVERSELLE.

452 D. Petavii : Rationarium temporum. *Paris*, 1636. *in*-12.

452 * Ejusdem editio auctior. *Paris*, *in*-12.

453 Idem : *Paris*, 1652. *in*-8.

454 Ejusdem : Uranologion sive systema variorum autorum Græc. & Lat. de Sphera, &c. *Par.* 1630. *in-fol.*

455 Rapin : Instruction pour l'Histoire. *Paris*, 1677. *in*-12.

456 Henri Saint-Jean, Lord, Vicomte Bolingbroke : Lettres sur l'Histoire : 1752. 2 *vol. in*-12.

456 * La Chronique des Chroniques, abrégée & mise par figures décentes. *Paris*, *in*-4. *goth.*

457 Sam. Puffendorff : Introduction à l'Histoire Universelle, trad. par Claude Rouxel. *Leyde*, 1697. 4 *vol. in*-12.

458 La même, continuée & augmentée. *Amst.* 1732. 9 *vol. in*-12. *fig.*

459 Bossuet : Histoire Universelle, & la continuation de Fabre. *Paris*, 1707. 2 *vol. in*-12.

460 Histoire Universelle, depuis le commencement du monde jusqu'à présent, trad. de l'Anglois, par une Société de Gens de Lettres. *Amst.* 1747. 25 *vol. in*-4.

461 Mémoires secrets, tirés des Archives des Souverains de l'Europe, traduit de Vittorio Siry, par M. Requier. *Amst.* 1766. 6 *vol. in*-12. *br.*

462 Vuoerden : Journal historique de l'Hist. sacrée & profane, & Mémoire du Regne de Louis-le-Grand. *Lille* 1684. 2 *vol. in*-8.

463 C. Jr. de Saint-Pierre : Annales politiques. *Londres*, 1758. 2 *vol. in*-12.

HISTOIRE ECCLESIASTIQUE.

464 D. Calmet : Histoire de l'ancien & nouveau Testament, & des Juifs. *Paris*, 1725. 7 *vol. in-12.*

465 Gilbertus Gaulminus : de vita & morte Mosis, accedunt Pseudo-Dorotheus Tyrius & alii de vita Prophetarum, Apostolorum & Discipulorum Christi : ex edit. Joan. Alberti Fabrici. *Hamburg*, 1714. *in-12.*

466 Bona. Racine : Abrégé de l'Histoire Ecclésiastique. *Cologne*, 1754. 13 *vol. in-12.*

467 Macquer : Abrégé Chronologique de l'Histoire Ecclésiastique. *Paris*, 1751. 2 *vol in-8.*

468 Fra-Paolo Sarpi : Histoire du Concile de Trente, trad. par Amelot de la Houssaye *Amst.* 1686. *in-4.*

469 Baillet : Vies des Saints. *Paris*, 1739. 10 *vol. in-4.*

470 P. Faydit : Vie de S. Amable. *Paris*, 1702. *in-12.*

471 Thomas de la Grue : La Porte ouverte pour parvenir à la connoissance du Paganisme caché. *Amsterd.* 1670. *in-4. fig.*

472 Le Dictionnaire des hérésies, ou Mémoires pour servir à l'Histoire des Egaremens de l'Esprit humain, par rapport à la Religion Chrétienne. *Paris*, 1762. 2 *vol. in-8.*

473 Du Pin : Mémoires historiques pour l'Histoire des Inquisitions. *Cologne*, 1716. 2 *vol. in-12. fig.*

474 La Croze : Histoire du Christianisme des Indes. *La Haye*, 1758. *in-12.* 2 *vol.*

475 Auberti Miræi notitia Episcopatuum orbis Christiani. *Antu.* 1613. *in-8.*

476 Echard de Commanville : Hist. des Archevêchés & Evêchés de l'univers. *Paris*, 1700. *in-8.*

477 Le P. Heliot : Histoire des Ordres Monastiques, Religieux, & Militaires, & des Congrégations séculieres de l'un & de l'autre sexe. *Paris*, 1721. 8 *vol. in-4.*

478 Recueils de différentes pieces concernant les Jésuites de France & de Portugal. 3 *vol. in-12.*

479 J. Racine : Abrégé de l'Histoire de Port-Royal. *Cologne*, 1742. *in 12.*

D

480 N. Fontaine : Mémoires pour l'Histoire de Port-Royàl. *Cologne*, 1738. 2 *vol in*-12.

481 Lancelot : Mémoires pour la vie de M. de Saint-Cyran. *Cologne*, 1738. 2 *vol. in*-12.

482 Nécrologe de l'Abbaye de Notre-Dame de Port-Royal. *Amst.* 1723. 2 *vol. in*-4.

HISTOIRE ANCIENNE, GRECQUE
ET ROMAINE.

484 Rolin : Histoire Ancienne. *Paris*, 1731. 13 *tom.* en 14 *vol. in*-12.

485 Hérodote, trad. par Du Ryer. *Paris*, 1677. 3 *vol. in*-12. *fig.*

486 Vaugelas : Trad. de Quinte-Curce de la vie & des actions d'Alexandre le Grand. *Par.* 1657. *in*-4.

487 Xenophon : Retraite des dix Mille, trad. par P. d'Ablancourt. *Paris*, 1706 *in*-12.

488 Macquer : Abrégé Chronologique de l'Histoire Romaine. *Paris*, 1756. *in*-8.

489 Hist. de Dion Cassius, abrégée par Xiphilin. *Par.* 1674. 2. *vol. in*-12.

490 Vigenere : Trad. des Décades de Tite-Live. *Paris*, 1606. 2. *vol. in-fol.*

491 C. Julii Cæsaris quæ extant. *Lugd. Bat. Elzev.* 1635. *in*-12.

492 Perrot d'Ablancourt : Trad. du même. *Par.* 1678. *in*-12.

493 Saluftius Crispus. *Amst. Elzev.* 1658. *in*-12.

494 Belet : Histoire de la Conjuration de Catilina, & Catilinaires de Ciceron. *Paris*, 1752. *in.*12.

495 Justini Historiarum ex Trogo Pompeio libri XLIV. *Amstel. Elzev.* 1664. *in*-12.

496 D'Ablancourt : Trad. des Œuvres de Tacite. *Par.* 1658. *in*-4.

497 Laurent Echard : Histoire Romaine, trad. par Desfontaines. *Paris*, 1734. 6 *vol. in*-12.

498 Suetone : Des Empereurs Romains, trad. par du Teil. *Paris*, 1663. *in*-12.

499 De la Bletterie : Vie de l'Empereur Julien. *Paris*, 1735. *in*-12.

HISTOIRE.

500 Du Culte des Dieux Fétiches. 1760. *in-12.* . . . . 1.

501 Franç. Polleti : Historia Fori Romani. *Duaci,* 1672. *in-8.*

502 Guil. du Choul : De la Religion des anciens Ro-
mains. *Lyon,* 1556. *in-fol.*

503 Montesquieu : Cause de la grandeur & de la déca-
dence des Romains. *Amst.* 1734. *in-12.*

504 Joan. Kirchmannus de funeribus Romanorum.
Francof. 1672. *in-8.*

505 Abrahami Gorlœi Dactyliotheca. *Lugd. Bat.* 1707.
2 *tom. en* 1 *vol. in-4.*

HISTOIRE DE FRANCE.

TOPOGRAPHIE DE LA FRANCE.

506 Doizy : Dénombrement du Royaume. *Par.* 1709.
2 *vol. in-12.*

507 Longuerue : Description historique & géographi-
que de la France. *Paris,* 1722. *in-fol.*

508 Saugrain : Dictionnaire universel de la France an-
cienne & moderne. *Paris,* 1726. 3 *vol. in-fol.*

509 Baulieu : Plans & profils des principales Villes de
France. *Paris,* 4 *vol. in-4. obl.*

510 Carte générale de la France, levée par ordre du
Roi, par MM. Maraldi & Cassini; 70 Cartes, *in-fol.*
& l'avertissement, *in-4. br.*

511 Daudet : Nouveau Guide des chemins. *Paris,*
1724. *in-12.*

512 Coulon : Les Rivieres de France. *Paris,* 1644. 2
vol. in-8.

513 Projet d'une Histoire de la Ville de Paris sur un
plan nouveau. *Harlem,* 1739, *in-12.*

514 P. Bonfons : Fastes & Antiquités de Paris. *Paris,*
1607. *in-12.*

515 Henri Sauval : Histoire & Recherches des Anti-
quités de Paris. *Par.* 1724. 3 *vol. in-fol.*

516 Sainte-Foix : Essais historiques sur Paris. *Paris,*
1759. 4 *vol. in* 12.

517 Plan de Paris, dressé par les ordres de M. Turgot.
in-fol.

518 Jac. Doublet : Hiſtoire de l'Abbaye de S. Denis. Par. 1625. in-4.

519 Dunod : Hiſtoire des Sequanois. Paris, 1735. 2 vol. in-4.

520 Charles de Bourgeville : Recherches & Antiquités de la Province de Neuſtrie, Ville & Univerſité de Caen. Caen, 1588. in-4.

520 * Irail : Hiſtoire de la réunion de la Bretagne à la France. Paris, 1764. 2 vol. in-12

521 De Baſville : Mémoires pour l'Hiſtoire de Languedoc. Amſt. 1734. in-12.

HISTOIRE GENERALE ET PARTICULIERE
DE LA FRANCE.

2 Guil. Marcel : Hiſtoire de l'origine & des progrès de la Monarchie Françoiſe. Paris, 1686. 4 vol. in-12.

523 Cl. Fauchet : Les Antiquités Françoiſes. Geneve, 1611. in-4.

524 Boullainvilliers : Hiſtoire de l'ancien Gouvernement de France, & Mémoires préſentés au Duc d'Orléans. La Haye, 1727. 4 vol. in-12.

525 Les Œuvres d'Etienne & N. Paſquier. Amſt. 1723. 2 vol in-fol.

526 Hiſtoire de la Pairie de France & du Parlement de Paris. Londres, 1740. in-12.

527 De Serres : Inventaire général de l'Hiſtoire de France. 8 vol. in-16.

528 Mezeray : Avant Clovis & Hiſt. de France. Amſt. 1696. 7 vol. in-12.

529 Velly & Villaret : Hiſtoire de France. Paris, 1757 & ſuiv. 16 vol. in-12.

530 Valerot : Journal de la France. Par. 1722. in-8.

531 M. Henault : Abrégé chronologique de l'Hiſtoire de France. Par. 1749. 2 vol. in-8.

532 Mably : Obſervations ſur l'Hiſtoire de France. Geneve, 1765. 2 vol. in-12.

533 Du Tillet : Recueil des Rois de France. Paris, 1607. 2 vol. in-4.

534 Mémoires historiques , Critiques & Anecdotes de France. *Amst.* 1764. 4 *vol in*-12   7 . 19

535 Les Chroniques de Messire Philippe de Commines. *Par.* 1567. *in*-16.   1 . 6

536 Preuves des Mémoires de Commines. *Bruxelles ,* 1706. *in*-8.

537 C. Davila : Histoire des Guerres Civiles de France, trad. par Baudoin. *Par.* 1657. 2 *vol. in*-4.   4 . 2

538 Le Roy : Satire Menippée de la vertu du Catholicon d'Espagne , & de la tenue des Etats de Paris. *Ratisbonne ,* 1711. 3 *vol. in*-8.   5 . 19

539 Journal des choses advenues sous le regne d'Henri III. 1621. *in*-8.   1 .

540 Pierre de l'Estoile : Journal d'Henri III. *Paris ,* 1744. 5 *vol. in*-8. *fig.*

541 Du même : Journal du regne d'Henri IV. *La Haye ,* 1741. 4 *vol. in*-8.   37

542 De Bury : Hist. d'Henri IV. *Par.* 1766. 4 *vol. in*-12. *fig.*   7 . 10

543 Maximilien de Sully : Mémoires , ou Oeconomie Royale. *Par.* 1664. 3 *tom.* 2 *vol. in-fol.*   22 . 12

544 Mezeray : Hist. de la Mere & du Fils , ou de Marie de Médicis & de Louis XIII. *Amst.* 1730. 2 *vol. in*-12.   6 . 2

545 Le Clerc : Vie du Card. de Richelieu. *Amsterd.* 1714. 2 *vol. in*-12.   1 . 16

546 Vie du P. Joseph : Hist. anecdote du Card. de Richelieu. *La Haye ,* 1704. *in*-12.   2 . 4

547 Mém. D. S. H. (de Saint-Hilaire). *Amst.* 1766. 4 *vol. in*-12.   7 .

548 Mémoires de Rohan. *Par.* 1646. *in*-12.

549 Voltaire : Siecle de Louis XIV. publié par de Francheville. *Leipsic.* 1752. 2 *vol. in*-12.   8 . 10

550 Reboulet : Histoire du regne du Louis XIV. *Avig.* 1744. 3 *vol. in*-4.   10 . 4

551 Hist. du Maréchal Fabert. 1697. *in*-12.   1 .

552 Hist. des troubles des Cevennes , ou de la Guerre des Camisards sous Louis XIV. *Villefranche ,* 1760. 3 *vol. in*-12.   8 . 19

553 M. G. D. C. Mémoires de Bordeaux. *Amst.* 1758. 4 *vol. in*-12.   4 .

4. 554 Mémoires de la Porte. *Geneve*, 1755. *in*-12.

555 Campagne de M. de Coigny en Allemagne 1743.
Amst. 1761. 3 *vol. in*-12.

2. 8 556 La Vie du Maréchal de Belle-Isle. *La Haye*, 1761.
in-12.

557 . . . .

HISTOIRE ÉTRANGERE,

D'ITALIE, D'ESPAGNE ET DE PORTUGAL.

16. 558 François Deseine : Rome Ancienne & Moderne.
Leide, 1713. 10 *vol. in*-12. *fig.*

559 Amelot de la Houssaye : Gouvernement de Venise.
Paris, 1665. *in*-8.

1. 6 560 Freschot : Relation de la Ville & République de Ve-
nise, son Histoire, son Gouvernement & les Mœurs.
Utrecht, 1709. *in*-12.

561 Raguaglio historico d'all'assedio, difesa & libe-
razione di Torino, di Franc. Antonio Tartizzo. *To-
rino*, 1707. *in*-4.

7. 562 M. de Saint Mard : Abrégé Chronologique de l'His-
toire d'Italie. *Paris*, 1761. 2 *vol in*-8.

563 De Vayrac : Etat présent de l'Espagne. *Paris*, 1718.
4 *vol. in*-12.

8. 10 564 Abrégé Chronologique de l'Histoire d'Espagne &
de Portugal. *Paris*, 1765. 2. *vol. in* 8. *br.*

2. 565 Vertot : Révolutions de Portugal, *Paris*, 1720.
in-12.

HISTOIRE D'ALLEMAGNE

ET DES PAYS DU NORD.

566 Gabrielis Bucelini : Germania Topo-Chrono-Stem-
mato-Graphica sacra & profana. *Ulma*, 1655. *in-fol.*

2. 12 567 Mémoires sur la Vacance du Trône Impérial, le
droit des Electeurs & de l'Empire, la Capitulation Im-
périale, l'Election, le Serment & Couronnement de
l'Empereur. *Amsterdam*, 1741. *in*-12.

1. 3 568 Heiss : Histoire de l'Empire, *Par* 1684. 2 *vol. in*-4.

1. 569 Le Guide, ou Description d'Amsterdam, *Amster.*
1722. *in* 12. *br. fig.*

570 Vie & Actions mémorables de Mi. Ruyter. *Amster.* 1677. 2 *vol. in-*12.

571 Joan. Leland : De Scriptoribus Britannicis. ex edit. Anto. Hall. *Oxonii,* 1709. 2 *vol. in-*8.

572 Guy Miege : l'Etat préfent de la Grande Bretagne. *Amfterdam,* 1708 2 *vol. in-*12.

573 Mémoires & Obfervations faites par un Voyageur, en Angleterre. *La Haye,* 1698. *in-*12. *fig.*

574 David Hume : Hiftoire de la Maifon de Tudor, *Amft.* 1763, 2 *vol. in-*4.

575 Du même : Hiftoire de la Maifon de Plantagenet. *Amft.* 1765. 2 *vol. in-*4.

576 Rapin Thoyras : Abrégé de l'Hiftoire d'Angleterre. *la Haye,* 1730. 10 *vol. in-*12.

577 Swift : Hiftoire de la Reine Anne d'Angleterre. *Amfterdam,* 1765, *in-*12.

578 J. Robertfon : Hiftoire d'Ecoffe, fous les régnes de Matie Stuart & Jacques VI, traduit par M. L. M. *Londres,* 1764. 3 *vol. in-*12.

579 Burnet : Hiftoire de la Réformation de l'Eglife d'Angleterre. *Amft.* 1694. 4. *vol. in-*12.

580 Mémoires de la Derniere Révolution d'Angleterre, *La Haye,* 1702. 2 *vol. in-*12.

581 Le P. d'Orleans : Hiftoires des Révolutions d'Angleterre, *Paris,* 1724 4 *vol. in* 12. *fig.*

582 Ed. Clarendon : Hiftoire de la Rebellion & des Guerres d'Angleterre. *La Haye,* 1704. 6 *vol. in-*12.

583 Raguenet : Hiftoire d'Olivier Cromwel, *Paris,* 1691. *in-*12. *fig.*

584 Gu. Temple : Œuvres mêlées. *Utrecht,* 1694. *in-*12.

585 Hiftoire du Miniftere de Robert Walpoole, *Amft.* 1764. 3 *vol. in-*12.

586 Char. Johnfon : Hiftoire des Pirates Anglois. *Par.* 1726. *in-*12.

587 De Hauteville : Relation de Pologne, du Pouvoir, Election, & Couronnement de fes Rois. *Paris,* 1697. *in-*12.

588 De la Bizardiere : Sciffion de Pologne, au fujet de l'Election d'un Roi. *Paris,* 1699. *in-*12.

589 M. Coyer : Hiftoire de Jean Sobieski, Roi de Pologne. *Paris,* 1761. 3 *vol. in-*12.

590 Hiftoire de Guftave Adolphe, Roi de Suéde, *Amft.*
1764. 4 *vol. in-*12.

591 Robinfon : Etat préfent de la Suede. *Amfterdam*,
1720. *in-*12.

592 Vertot : Révolutions de Suéde. *Paris*, 1722. 2 *vol.*
*in-*12.

593 Jean Perry : Etat préfent de la Ruffie. *La Haye*,
1717. *in-*12.

594 Sigifmundi Liberi Baronis in Herberftain , Rerum
Mofcoviticarum Commentarii. *Bafilea*, 1571. *in-fol.*
parchemin.

HISTOIRE DES PAYS HORS DE L'EUROPE.

795 Ricaut : Hiftoire de l'Etat préfent de l'Empire Ot-
toman , traduit par Briot. *Amfterdam*, 1686. *in-*12.
figures.

596 Hiftoire des Sarrazins, traduite de J. Ockeley. *Par.*
1748. 2 *vol. in-*12.

597 Puget de Saint Pierre : Hiftoire des Drufes , Peu-
ples du Liban, Colonie des François. *Paris*, 1763.
*in-*12.

598 Coronelli : Defcription Geographique & Hiftorique,
de la Morée. *Paris*, 1687. *in-fol. fig.*

599 De Marfy : Hiftoire moderne des Chinois, Japo-
nois, Indiens, Perfans, Turcs, & Ruffiens. *Paris*,
1755. 6 *vol. in-*12.

600 Baltazar de Las Cafas : Découvertes des Indes, par
les Efpagnols. *Paris*, 1697. *in-*12.

601 Lettres édifiantes & curieufes . écrites des Miffions
Etrangeres, par les Jéfuites. *Paris*, 1707. & *fuiv.*
27 *Recueils. en* 22 *vol. in-*12.

602 Olivier Ocxmelin : Hiftoire des Avanturiers, qui
fe font fignalés dans les Indes. *Paris*, 1686. 2 *tom.*
1 *vol. in-*12. *fig.*

603 M. de Mairan : Lettres au P. Parrennin , contenant
diverfes queftions fur la Chine. *Paris*, 1759. *in-*12.

604 Jean Nieuhoff : Ambaffade de la Compagnie Orien-
tale, à la Chine. *Leyde*, 1665. 2 *vol. in-fol. fig.*

605 Ambaffades Mémorables de la Compagnie Orien-
tale, au Japon. *Amfterdam*, 1680. *in-fol. fig.*

606

606 Engel. Kempfer : Hiſtoire Naturelle, civile du Ja- 9
pon, traduit ſur la Verſion Angloiſe de J. Gas. Scheuz-
zer. *La Haye*, 1732. 3 *vol. in-* 2 *fig.*

607 Argenſola : Conquêtes des Iſles Molucques. *Amſt.* 5. 19
1707. 3 *vol. in-*12.

608 Garcilaſſo de la Vega : Hiſtoire des Yncas du Pé- 4.
rou. *Paris*, 1744 2 *vol. in-*12. *fig.*

609 Aug. de Zarate : La Découverte du Pérou. *Amſt.* 3. 11
1700. 2 *vol. in-*12. *fig.*

610 Baudoin : Traduct. de l'Hiſtoire des Yncas Rois du 3. 15
Pérou. *Paris*, 1633. 2 *vol. in-*4.

611 Bacqueville de la Potherie : Hiſtoire de l'Amérique 5.
Septentrionale *Paris*, 1722. 4 *vol. in-*12. *fig.*

612 Mémoires contenant le précis des Faits avec leurs
Piéces juſtificatives, pour ſervir de réponſe aux Obſer-
vations envoyées par les Miniſtres de l'Angleterre,
dans les Cours de l'Europe. *Paris*, 1756. *in-*4.   7. 16

613 P. Kolbe : Deſcription du Cap de Bonne Eſpérance,
l'Hiſtoire Naturelle du Pays les Mœurs, Uſages des
Hottentots, &c. *Amſt.* 1741. 3 *vol. in-*12. *fig.*

614 Lettres & Mémoires pour ſervir à l'hiſtoire du Cap 1.
Breton. *La Haye*, 1760. *in* 12.

615 Garcilaſſo de la Vega : Conquête de la Floride, trad. 3.
par P. Richelet. *La Haye*, 1735, 2 *vol. in-*12. *fig.*

616 Charles Le Gobien : Hiſtoire des Iſles Marianes. 1.
Par. 1700. *in-*12.

ART HERALDIQUE, GENEALOGIES.

618 Pierre Paillot : La vraie Science des Armoiries. *Dij.* 9.
1660 *in-fol.*

619 Hubner : Généalogies des Maiſons de l'Europe. *Leip.* 6.
1719. 4 *vol. in-*4 *Oblongo en Allemand*

620 Fréderick Gauvhen : Diction Généalogique, 1719. 2
*in-*8 *en Allemand.*

621 Buffier : Les Souverains du Monde. *La Haye*, 1722. 9. 4
4 *vol. in-*12.

622 Comte de Boullainvilliers : Eſſais ſur la Nobleſſe 2. 3
de France. *Amſterdam*, 1732, *in* 12.

623 Chevillard : Etat des Archevêchés & Evêchés de 1. 10
France, & les Armoiries. *Paris*, *in-*4. *fig.*

E

624 Les Noms, Surnoms, Qualités, Armes & Blasons des Commandeurs de l'Ordre du S. Esprit, &c. *Par.* 1643. *in-fol. fig.*

HISTOIRE DES SCIENCES, DES ARTS,
DES ACADÉMIES ET LEURS MEMOIRES,

626 Thomæ Stanlei Historia Philosophiæ. *Lip.* 1711. *in-4.*

627 Ger. Joan Vossius de Philosophis, Philosophorumque sectis. *Hagæ comit*, 1658. *in-4.*

628 Franç. Junii de Pictura veterum libri tres. *Roter.* 1694. *in-fol.*

629 André Chevillier : Origine de l'Imprimerie de Paris, *Par.* 1694. *in-4.*

630 Gothof. Vockerod de eruditorum Societatibus & varia re Litteraria, & Philologemata sacra. *Gotha*, 1704. *in-8.*

631 Duhamel : Regiæ Scientiarum Academiæ Historia. *Paris.* 1701. *in-4.*
Histoire de l'Académie Royale des Sciences, depuis 1666 jusqu'en 1699, 11 tom. en 13 *vol.*
Depuis 1700, jusques & compris 1762, 65 *vol.*
Géométrie de l'Infini
De Mairan, Aurore Boréale.
Cassini, la Méridienne de Paris.
Bouguer, Figure de la Terre.
La Condamine, Journal du voyage fait à l'Equateur.
Tables depuis 1666 jusqu'en 1750. 8 *vol. in-4.*
Prix depuis 1620 jusqu'en 1747. 7 *vol. in-4. dont un* en blanc.
Machines. 6 *vol. in-4.*
Mémoires de Mathématique & de Physique, présentés à l'Académie par plusieurs savans étrangers. *Paris*, 1750. 4 *vol. in-4.*

632 Histoire de l'Académie Royale des Inscriptions & Belles-Lettres. *Par.* 1717. 2 *vol. in-4.*

633 Lettres & Mémoires pour l'Histoire de l'Académie des Sciences & Belles-Lettres de Beziers. *Beziers*, 1736. *in-4.*

634 Recueil des Dissertations qui ont remporté le prix

de l'Académie des Belles-Lettres, Sciences & Arts de Bordeaux. *Bordeaux*, 1715. 5 vol. *in-12.*

635 Acta Eruditorum Lypsiensium ab anno 1682, ad annum 1739, *Lipsiæ*, 1735. Ad Nova Acta Eruditorum suplementa. 320.
Indices generales Actorum Eruditorum. *Lypsiæ*, 1692. 4 vol. en tout. 76 vol. *in-4.*

636 Index generalis decuriæ 1. & 11. Ephemeridum Ger- 1. manicarum. *Norimbergæ*, 1695 *in-4.*

637 Nova Litteraria Germaniæ collecta. *Hamburgii*, 9. 2 1701. ad 1708. 3 vol. *in-4.*

638 Nova Litteraria Maris Baltici & Septentrionalis. 27. 16 *Lubecæ*, 1698 ad 1708. 6 vol. *in-4.*

639 Miscellanea Berolinensia ad incrementum Scientia- rum. *Beroloni*, 1710. 7 vol. 76
Mémoires de l'Académie de Berlin, années 1745. 46, 47. 3 vol. *in-4.*

640 Commentarii Academiæ Scientiarum Imperialis 60 Petropolitanæ, ad annum 1733. *Petropoli.* 1728. & sequent. 6 vol. *in-4.*

641 The History of the Royal Society of London for the 1. improving of natural Knowledge by Tho. Sprat. *Lond.* 1667. *in-4.*

642 Henrici Oldenburgii acta Philosophica Societatis 1. 10 Regi in Anglia. *Amstel.* 1676. 4 vol. *in-12.*

643 The Philosophical Transactions and collection, to 48 the end of the year 1720. abridged and disposed under general heads to the year 1731. *London*, 1732, &c. 7 vol. *in-4.*

644 Bremond : Trad. des mêmes. *Paris*, 1741. 4 vol. 15. *in-4.*

645 De Limiers : Hist. de l'Académie, appellée l'Insti- 1. 10 tut des Sciences & des Arts de Boulogne, établie en 1712. *Amst.* 1723. *in-8.*

646 Berryat : Recueil de Mémoires, ou Collections 60. 5 de pieces académiques. *Dijon*, 1754 & *suiv.* 8 vol. *in-4. fig.*

BIBLIOGRAPHIE, ET JOURNAUX.

647 Joan. Davidis Koeleri : Sylloge aliquot scriptorum 2. 10

de bene ordinanda & ornanda Bibliotheca. *Francof.* 1728. *in*-4.

648 Ejufdem Bibliotheca. *Francof.* 1728. *in*-4.

r. 12 649 Alberti Fabricii Bibliotheca Latina. *Hamburgi*, 1712. *in*-8.

4. 10 650 Sallengre : Mémoires de Littérature. *La Haye*, 1715. 2 *vol. in*-12.

1. 16 651 Joh. Gottofredi Buchneri Schediafma Hiftorico Litterarium de vitiis inter eruditos occurrentibus. *Lipfia*, 1712. *in*-12 *br.*

1. 19 652 Cornelii à Beughem, Gallia erudita, critica & experimentalis noviffima. *Amftel.* 1683.
Ejufd. Bibliographia Mathematica & artificiofa noviffima. *Ibid.* 1688.
Ejufd. .... Eruditorum critico curiofa, five apparatus ad Hiftoriam Litterariam *Amftel.* 1694. 5 *vol. in*-12.

1. 11 653 Baillet : Auteurs déguifés & enfans devenus célebres. *Par.* 1688. 2 *vol. in*-12.

15. 4 654 Guil. de Bure : Bibliographie inftructive; ou Traité de la connoiffance des Livres rares & finguliers. *Par.* 1765. 4 *vol. in*-8.

655 Sorel : Bibliotheque Françoife. *Par.* 1667. *in*-12.

8. 10 656 Le Long : Bibliotheque Hiftorique de la France. *Paris*, 1719. *in-fol.*

657 Goujet : Bibliotheque Françoife, ou Hiftoire de la Littérature Françoife. *Par.* 1741. 4 *vol. in*-12. *br.*

1. 12 658 Camufat : Hiftoire Critique des Journaux. *Amft.* 1734. 2 *tom. en* 1 *vol. in*-12.

36 659 Le Journal des Savans, comm. en 1665 jufqu'en Avril 1735. *Amft.* 1665. *& fuiv.* 106 *vol. in*-12.

660 Jean le Clerc : Bibliotheque ancienne & moderne, *La Haye*, 1730. 29 *vol. in*-12.

661 Du même : Bibliotheque univerfelle. *Amft.* 1702. 24 *vol. in* 12.

54. 662 Du même : Bibliotheque Choifie. *Amft.* 1703. 27 *vol. in* 12.

30. 663 Bayle : République des Lettres, depuis le mois de Mars 1684 jufqu'a Juin 1718. *Amft.* 1715. 5 *vol. in*-12.

10. 664 Du même : Ouvrages des Savans, depuis le mois de Septembre 1687, jufqu'en Juin 1709. *Rott.* 1687. 24 *vol. in*-12.

665 Journal Littéraire, commençant au mois de Mai 8
1713 , jusqu'en 1732. *La Haye*, 1715. 19 *vol in*-12.
666 L'Europe Savante, comm. à Janvier 1718 , jusqu'en 3
Avril 1719. *La Haye* , 1718. 8 *vol. in*-12.
667 Bibliotheque Raisonnée des Ouvrages des Savans 10
de l'Europe, comm. au mois de Juillet 1728 , jus-
qu'au mois de Juin 1740. *Amsterdam* , 1728. 24
vol. in-12.
668 Journal Historique de la République des Lettres, 1
Juillet 1732 , à Décembre 1733. *Leyde* , 1732. 3
vol. in-8.
669 Journal Etranger, comm. en Avril 1754 , jusqu'en 24
Décembre 1757. 22 *vol. in*-12.
670 Journal Encyclopédique, comm. en Janvier 1756 , 171. 5
jusqu'au mois de Décembre 1765. *Par.* 1765. *in*-8. *br.*
10 *paq.*
671 Mercure de France , comm. en Janvier 1764 , jus- 5 19
qu'au premier vol. de Janvier 1766. 47 *vol. in*-12. *br.*
672 Frerou : L'Année Littéraire , à commencer à l'année 6
1752 , jusqu'en 176. *in*-12. *broché* 11 *paq.*
673 Bibliotheque Germanique , commenc. au mois de 20
Juillet 1720 , jusques & compris 1739. *Amst.* 1720.
46 *tom. en* 23 *vol. in*-12.
674 Michel de la Roche : Mémoires Littéraires de la 5
Grande Bretagne. *La Haye* , 1720. 8 *vol. in*-12.
675 Du même : Bibliotheque Angloise. *Amst.* 1729. 15 6
vol. in-12.
676 Bibliotheque Britannique , comm. au mois d'Avril 3
1733 , jusqu'en Décembre 1736. *La Haye* , 1733. 8
vol. in-12.

BIBLIOGRAPHES SIMPLES,
OU CATALOGUES DE BIBLIOTHEQUES.

677 Catalogus Librorum Bibliothecæ Tricheti. Dufresne.
Par. 1662. *in*-4.
678 —— Heinsii : *Lugd. Bat.* 1682. *in*-12. .... 1 4
679 —— Bigotianæ. *Parif.* 1706. *in*-12. ....
680 —— Joan. Giraud. *Parif.* 1707. *in*-12. ....
681 —— Faultrier. *Parif.* 1709. *in*-8. 1
682 —— Baluzianæ. *Parif.* 1719. 3 *vol. in*-12. 18

683 —— Menarfianæ. *La Haye,* 1710. *in*-8.
684 —— Fayanæ. *Parif.* 1725. *in*-8. avec les prix &
des notes marginales.
685 —— Camilianæ. *Parif.* 1726. *in*-8.
686 —— Joan. B. Dodart. *Parif.* 1731. *in*-8.
687 —— Francifci Geoffroy. *Parif.* 1731. *in*-8.
688 —— De Cangé. *Parif.* 1733. *in*-12.
689 —— D'une Bibliothéque de dix-huit mille volu-
mes *Paris,* 1733. *in*-12.
690 —— De Bouret. *Paris,* 1735. *in*-12.
691 —— De Dufour. *Paris,* 1735. *in*-12.
692 —— De Coiflin. *Paris,* 1736. *in*-12.
693 —— De Couet. *Paris,* 1737. *in*-12.
694 —— De Hoym. *Parif.* 1738. *in*-8.
695 —— Hermanni Boerhave. *Lug. Bat.* 1739. *in*-8.
696 —— De d'Hermand. *Paris,* 1739 *in*-8.
697 —— Joachimi Colbert; 1740. *in*-8.
698 —— Du Maréchal d'Eftrées *Paris,* 1740. 2 *vol.*
in-8.
699 —— De Lancelot. *Paris,* 1741. *in*-8.
700 —— De d'Anty d'Ifnard: 1744. *in*-12.
701 —— De M. * * *. *Paris,* 17.4. *in* 8.
702 —— De Furette. *Paris,* 1748. 3 *vol. in*-12.
703 —— De Geoffoy. *Paris,* 1754. *in*-12.
704 —— Des ci-devant foi-difant Jéfuites du Collége
de Clermont. *Paris,* 1764. *in*-8. avec les prix.
705 —— Manufcriptorum codicum Collegii Claro-
montani quem excipit Catalogus mff. Domus, Pro-
feffæ Parifienfis *Parif.* 1764. *in*-8.
706 —— De Mallard. *Paris,* 1766. *in*-8.
707 —— Petri Goffe. *La Haye;* *in*-8.
707 * Liaffe de Catalogues de peu de valeur. *in*-8.
& *in*-12.

VIES DES HOMMES ILLUSTRES.

708 Joan. Jonfii: De Scriptoribus Hiftoriæ Philofo-
phicæ, libri quatuor. *Jena.* 1716. *in*-4.
709 Diogenes Laërtius: de viris & moribus Philofo-
phorum. *Lugd. Bat. Griphius;* 1551. *in*-8.
710 Id. Grec. Lat. ex edit Cafauboni. *Londini,* 1664.
in-fol.

711 Teissier : Eloges des Hommes savans, tirés de l'His-   2.
toire de M. de Thou. *Hol.* 1702. 3 *vol. in-*12.

712 G. Amyot : trad. des Œuvres de Plutarque, Vies   5.
des Hommes illustres, & ses Œuvres Morales. *Par.*
1612. 4 *vol. in-*8.

713 Corn. Nepos : de exel. Imperatorum vitis. *Paris,*
1689. *in* 32.

714 L'Héroïsme, ou Histoire Militaire des plus illus-   1. 10
tres Capitaines. *Paris,* 1766. *in-*12.

715 D. de Mairan : Eloges des Académiciens, de l'Ac.   1.
Royale des Sciences, des années 1741—42.—43.
Paris, 1747. *in-*12. *br.*

716 Des Maizeaux : Vie de Bayle. *La Haye,* 1732. 2   1. 16
*vol. in-*12.

717 Midleton, trad. par l'Abbé Prévost : Histoire de   5. 4
Cicéron, tirée de ses écrits & des monumens de
son siécle. *Paris,* 1743. 4 *vol. in-*12.

718 Fléchier : Vie du Cardinal Commendon. *Paris,*
1680. *in-*12.

719 Baillet : Vie de Descartes. *Paris,* 1691. 2 *tom.*   2.
1 *vol. in-*4.

710 M. Gaillard : Eloge de Descartes. - - - - - -   2. 9
M. Thomas.... de Sully ; *in-*8.

721 Ramsay : Vie de Fénelon. *La Haye,* 1723. *in-*12.

722 Petrus Gassendus : de vita & moribus Epicuri.   1. 8
Hagæ Comit. 1656. *in-*4.

723 Secousse : Mémoires pour la vie de Roger de Saint-   1. 10
Lary de Bellegarde. *Paris,* 1764. *in-*12.

724 Boulainvilliers : Vie de Mahomed. *Amst.* 1731.   3. 15
*in-*12. *fig.*

725 Claud. Fabri de Peiresc ; Vita Aut. Pet. Gassendo.
Hagæ Comit. 1655. *in-*4.

726 Colerus : Vie de Benoît Spinosa ; *in-*12. *br.*
727 Vie de la Duchesse de la Valiere. *in-*12.   1. 6

EXTRAITS ET DICTIONNAIRES
HISTORIQUES.

728 Amelot de la Houssaye : Mémoires historiques &   1. 4
littéraires. *Amst.* 1722. 2 *vol. in-*12.

729 Boiſtuau, Bandel, Belleforet : Hiſtoires prodigieu-
ſes. *Paris*, 1578. *in-12.*

730 Dictionnaire hiſtorique & critique, par P. Bayle.
Rotterd. 1720. 4 *vol. in-fol.*

731 Le Dictionnaire hiſtorique de Louis Moréry. *Par.*
1732. *& ſuiv.* 10 *vol. in-fol.*

SCIENCES ET ARTS.

INTRODUCTION A LA PHILOSOPHIE.

733 Fioſavanti : Miroir univerſel des Arts , & des
Sciences, trad. par Chappuis. *Paris* , 1586. *in-12.*

734 Depuiſieux : Élémens des Sciences & des Arts lit-
téraires. *Paris* , 1756. 3 *vol. in-12.*

735 Encyclopédie , ou Dictionnaire raiſonné des Scien-
ces , des Arts & des Métiers , publié par MM Dide-
rot & d'Alembert. *Paris* , 1751. 11 *vol. in-fol. avec
la ſouſcription.*

736 Deſlandes : Hiſtoire critique de la Philoſophie.
Amſt. 1737. 3 *vol. in-12.*

737 Joan. Henri Alſtedii : Philoſophia reſtituta. *Her-
borna* , 1612. *in-8.*

738 Joan. Marci à Kronland : Philoſophia Vetus reſti-
tuta. *Francof.* 1676. *in-4.*

PHILOSOPHES ANCIENS ET MODERNES.

739 Hiſtoire de la Philoſophie payenne , ou ſentimens
des Philoſophes & des Peuples Payens , ſur Dieu,
l'Ame , & les devoirs de l'homme. *La Haye* , 1724. 2
vol in-12.

740 Huart : Trad. des Hypotipoſes , ou Inſtitutions
Pyrroniennes de Sextus Empiricus ; 1725. *in-12.*

741 Grou : Trad. de la République de Platon , ou Dia-
logue ſur la Juſtice. *Paris* , 1762. 2 *vol. in-12.*

742 Hyeronimi Cardani : Opuſcula , &c. *Norimberga*,
1547. *in-4.*

LOGIQUE.

743 Joan. Bodini : Colloquium Heptaplomeres, de abditis rerum sublimium arcanis : *mss in-4. mar.*

744 Baco de Verulamio : de Naturali & Universali Philosophia. *Amstelod.* 1653. *in-12.*

745 Renati Descartes : Principia Philosophiæ. *Amst.* 1656. *in-4.*

746 Le même , traduit *Rouen* , 1698. *in-12.* . . .

74. Daniel : Voyage du Monde, de Descartes. *Paris* , 1690. *in-12.*

74. Isaac Newtoni : Philosophiæ Naturalis Principia Mathematica. *in* 4.

749 De Voltaire : Elémens de la Philosophie de Newton. *Londres* , 1738. *in-8. fig.*

750 Lettre d'un Physicien : (le P. Regnault, Jésuite) sur la Philosophie de Newton, de M. de Voltaire; 1738. *in-12. br.*

751 G. J. Sg'ravesande : Philosophiæ Newtonianæ institutiones. *Leyda* , 1728. *in-12.*

752 Le même , trad. *Leyde* , 1737. *in-12.* . . . .

753 Essais de Mic. de Montaigne, avec les notes de Coste. *Londres* , 17.9. 6 *vol. in-12.*

754 De la Grange : Principes de la Philosophie, contre Descartes , Rohault, Regis, Gassendi, &c. *Paris* , 1684. 2 *vol. in-12.*

755 M. d'Argens : La Philosophie du bon Sens. *Londres* , 1737. *in-12.*

756 Gamaches : Systême du Philosophe Chrétien. *Paris* , 1748. *in-8. br.*

757 Hyer. Cardanus : de varietate Fortunæ. *Basilea* , 1557. *in-fol.*

758 Essai sur le Bonheur , ou Réfléxions philosophiques sur les biens & les maux. *Berlin* , 1758. *in-12.*

LOGIQUE.

759 Nicole : Logique, ou l'Art de penser. *Paris* , 1674. *in-12.*

760 Wolff : Logique, ou Réfléxion sur les forces de l'entendement humain. *Berlin* , 1736. *in-12.*

MORALE, ET TRAITÉS D'ÉDUCATION.

1. 12　761 La Bruyere : Trad. des Caracteres de Théophraste, les mœurs de ce siécle. *Paris*, 1 99. *in-*12.

2.　762 Bellegarde : Trad. des Caracteres d'Epictete. *Trévoux*, 1700. *in-*12.

1. 10 , 763 Mallebranche : Traité de Morale. *Amsterd.* 1684. *in-*12.

1. 11　764 Barbeyrac : Les devoirs de l'homme & du Citoyen. *Amst.* 1715. *in-*12.

9. 2　765 Richard Cumberland : Traité Philosophique des Loix Naturelles. *Amst.* 1744. *in-*4.

6. 5　766 Thom. Hobbes : Elémens Philosophiques du Citoyen, Traité Politique dans lequel les fondemens de la Société civile font découverts, trad. par Sorbiere. *Amsterd.* 1649. *in-*8.

1. 10　767 J. J. Rousseau : Discours sur l'origine & les fondemens de l'inégalité parmi les hommes. *Amsterdam*, 1755. *in* 8.

768

1. 10　769 Charron : de la Sagesse. *Paris*, 1672. *in-*12. 1. 10

1. 19　770 Analyse raisonnée de la Sagesse, de Charon. *Amst.* 1763. *in-*12.

1. 11　771 Amelot de la Houssaye : Réfléxions férieuses, & maximes morales de la Rochefoucault. *Par.* 1714. *in-*12.

7. 5　772 Principes de la Philosophie morale, ou Essai de Mylord Schaftburi, fur le mérite & la vertu; trad. par Diderot. *Amst.* 1745. *in-*12.

773

6. 10　774 Richard Stelle : Le Spectateur, ou le Socrate moderne, trad. de l'Anglois. *Amst.* 1744. 6 *vol. in-*12.

775

1. 11　776 Madame de Puifieux : Les Caracteres. *Londres*, 1750. *in-*12.

9.　777 Mandeville : La Fable des Abeilles, ou les Fripons devenus honnêtes gens; traduit de l'Anglois. *Londres*, 1740. 4 *vol. in-*12.

778 Seran de la Tour : Amusement de la Raison. *Par.* 1747. *in-*12.

779 De l'Amitié. *Paris*, 1761. *in-*8.

780 Duclos : Considérations sur les mœurs de ce siécle. *Paris*, 1751. *in-*12.

781 Genard : Tableau du siécle *Genève*, 1759. *in-*12.

782 Les préjugés démasqués, en vers : 1756. *in-*12.

783 Guion : l'Oracle des nouveaux Philosophes. *Berne*, 1760. 2 *vol. in-*12.

784 De Mably : Entretien de Phocion. *Amst.* 1763. *in-*12.

785 Madame de Guerchois : Avis d'une mere à son fils, & à sa fille. *Paris*, 1734. *in-*12.

786 Moncrif : Essais sur la nécessité & les moyens de plaire. *Paris*, 1737. *in-*12.

787 M. de Caraccioli : Jouissance de soi-même. *Francf.* 1761. *in-*12.

788 De la Chambre : l'Art de connoître les hommes. *Amst.* 1660. *in-*12.

789 Marquis d'Argens : Lettres morales & critiques sur les différents états. *Amst.* 1737. *in* 12.

790 De Listonnay : Le Voyageur Philosophe dans un pays inconnu. *Amst.* 1761. 2 *vol. in-*12.

791 Faret : L'honnête homme, ou l'Art de plaire à la Cour. *Paris*, 1634. *in* 4.

792 Lettres de l'homme civil, à l'homme sauvage. 1763. *in*·12. *br.*

793 De Montagnac : Amusemens Philosophiques. 1764. 2 *vol. in-*12.

794 Some Thoughts concerning éducation. *London*, 1699. *in* 8.

795 De l'Education publique. 1762. *in-*12.

796

POLITIQUE GÉNÉRALE
DE L'ÉTAT ET DU PRINCE.

798 Jean Bodin : De la République. 1599. *in-*8.

799 Trajano Boccalini : Pietra del paragone politico. *Holland.* 1653. *in-*32.

800 Warburton : Differtations fur l'union de la Religion , de la Morale & de la Politique ; trad. par D. S. *Londres* , 1742. 2 *vol. in-12.*

801 De la Nouë : Difcours politiques & militaires. *Genève* , 1614. *in-24.*

802 Marquis de Mirabeau : l'Ami des hommes, ou Traité de la Population. *Avignon* , 1756. *in-4.*

803 Paul Hay du Chatelet : Traité de la Politique de France. *Cologne* , 1669. *in-12.*

804 Marquis d'Argenfon : Confidérations fur le Gouvernement ancien & préfent de la France. *Amfterd.* 1765. *in-8.*

805 Teftament politique du Cardin. de Richelieu. *in-8.*

806 ———— Politique du Maréchal de Belle - Ifle. *Amft.* 1761. *in-12.*

807 Bourfault : De la véritable étude des Souverains. *Paris* , 1671. *in-12.*

808 Algernon Sidney : Difcours fur le Gouvernement. *La Haye* , 1702. 3 *vol. in-12.*

809 De Real : La Science du Gouvernement. *Aix-la-Chapelle* , 3 *vol. in* 4. 18⸸

810 Machiavel : Œuvres politiques. *Paris* , 1664. 2 *vol. in-12.*

811 Examen du Prince , de Machiavel. *La Haye* , 1741. *in-8.*

812 Mably : Principes de Négociations , pour fervir d'introduction au Droit public de l'Europe. *La Haye* , 1757. *in-12.*

MONNOYES , FINANCES ET COMMERCE.

813 David. Thomani : Acta publica Monetaria ; *in-fol.* en allemand.

814 Franç. Grimaudet : Des Monnoyes , augment & diminution d'icelles. *Paris* , 1576. *in-12.*

815 Henri Poulain : Traités des Monnoyes. *Paris* , 1709. *in-12.*

816 Leonard Willibald Hoffmann : ancienne & nouvelle clef des Monnoyes : 1715. 3 *vol. in-4.* en allemand.

817 Defcription hiftorique des Monnoyes d'Argent. *Leypfick* , 1721. *in-4. en allemand.*

818 Collection des Rifchdals, ou écus d'Allemagne.
 in-4. en allemand.

819 Joan. Chriftiani Fundmann nummi fingulares Ger-
 maniæ. Lipfiæ, 1734. in-4. fig.

820 J. Boilard : Des Monnoies, de leurs circonftances   1. 4
 & dépendances. Paris, 1692. in-12. fig.

821 Scipion de Grammont, Sieur de Saint-Germain :
 Le Denier Royal, Traité de l'or & l'argent. Paris,
 1620. in-8.   2. 4

822 Turquam, le Begue, Laffeman, de Coquerel, de
 Cabano, & autres, fur les Monnoies. in-12.

823 Claude Irfon : Pratique des Changes étrangers. Par.   1. 10
 1687. in-4.

824 Bareme : Des Changes étrangers. Paris, 2 vol.   6.
 in-8.

825 Macé de Richebourg : Effais fur la qualité des   6. 7
 Monnoies étrangeres, & de leur rapport avec celles
 de France. Par. Imp. Roy. 17 5. in-fol. br.

826 Locke : Sur les Monnoies, l'Intérêt & le Commerce.   2. 15
 Londres, 1696 in-12. en anglois.

827 Dupré de Saint-Maur : Effai fur les Monnoies. Par.   7. 5
 1746. in-4.

828 Du même : Recherches fur la valeur des Mon-   11. 18
 noies & le prix des grains. Paris, 1762. in 12.

829 Fourbonnois : Recherches & Confidérations fur les   8. 12
 Finances de France, depuis 1595, jufqu'en 1721.
 Liege, 1758. 6 vol. in 12.

830 Les Paradoxes du Seigneur de Maletroit, avec la   11. 12
 réponfe de Jean Bodin. Paris, 1568. in 4.

831 Vauban : Projet d'une dixme royale. 1707. in-12.   11

832 Le Réformateur. Amft. 1756. 2 vol. in-12. . . . .   2.

833 Le Financier citoyen. 1758. in-12. . . . .   2. 15

834 L'Anti-Financier. 1763. in-8. br. 1. 7

835   .   .   .

836 Peffelier : Doutes propofés à l'Auteur de la Théorie 1. 4
 de l'Impôt. 1761 in-12.

837 Richeffes de l'Etat, & pieces y relatives. in-8.   2.

838 Melon : Effai politique fur le Commerce. 1736.   2.
 in-12.

839 Les intérêts de la France mal entendus. Amft. 1756   2. 10
 2 vol. in-12.

840 Du Tot : Réflexions politiques sur les Finances &
le Commerce. *La Haye*, 1738. 2 *vol. in-*12.

841 Examen du même Ouvrage. *La Haye*, 1740. 2
*vol. in-*12.

842 Deslandes : Essais sur la Marine & le Commerce.
1743. *in-*8. *br.*

843 Essai de l'Histoire du Commerce de Venise. *Paris*,
1729. *in-*12.

844 Jacq. Savary : Parfait Négociant. *Par.* 1675. *in-*4.

845 Du même : Dictionnaire universel du Commerce.
Paris, 1741. 3 *vol. in-fol.*

846 Remarques sur les avantages & les désavantages
de la France & de la G. Bretagne par rapport au com-
merce, trad. de l'Anglois par M. Plumart d'Angueil.
Leyde, (*Paris*), 1754. *in-*12.

847 Le Peuple instruit. 1756. *in·*12.

848 Morellet : Réflexions sur les avantages de la libre
fabrication des toiles peintes en France. *Paris*, 1758.
*in-*12. *br.*

849 Réflexions sur différens objets du Commerce, & en
particulier sur la libre fabrication des toiles peintes.
1759. *in-*12. *br.*

850 Traité sur les Toiles peintes, & le secret du bleu,
d'Angleterre *Paris*, 1760. *in-*12. *br.*

851 Observations de la Société d'Agriculture, de Com-
merce & des Arts de Bretagne, 1757, 58, 59, 60.
Rennes, 1760. 2 *vol in-*8. *br.*

852 Wood : Réflexions sur le Commerce, les Colonies,
Plantations & Monnoies de la Grande Bretagne. *Lond.*
1718. *in-*8. *en anglois.*

853 De Fourbonais : Le Négociant Anglois. *Dresde*,
1753. 2 *vol. in-*12.

854 Dissertation contre la sortie des laines d'Angleterre,
par Cheshire. *Londre*, 1727. *in·*4.

855 M. V. D. M (Messac) : Bilan général & raisonné
de l'Angleterre, depuis 1600 jusqu'en 1761. 1762.
*in-*8.

856 Mémoires concernant le Commerce général des
Provinces Unies. *in* 4. *mss.*

857 Considérations sur les Finances d'Espagne. *Dresde*,
1753. *in-*12.

858 Etablissement des Manufactures & Commerce d'Espagne, trad. de l'Espagnol de Bernard de Ulloa. *Paris*, 1753. *in-*12.

METAPHYSIQUE.

859 Bern. Nieuwentyt : Existence de Dieu, démontrée par les merveilles de la Nature. *Paris*, 1725. *in* 4.

860 Leibnitz : Essais de Théodicée sur la bonté de Dieu, la liberté de l'homme & l'origine du mal. *Amsterdam*, 1734. 2 *vol. in-*12.

861 Fénelon : Œuvres philosophiques, Lettres concernant la Religion & la Métaphysique. *Paris*, 1718. 2 *vol. in-*12.

862 Albert Fabricius : Théologie de l'Eau. *La Haye*. 1741. *in-*8.

863 Guill. Derham : Théologie Physique. *Rott.* 1730. *in* 8

864 Essai sur la Providence & sur la possibilité physique de la Résurrection. *Amst.* 1731. *in-*12.

865

DE L'AME, ET DE SON IMMORTALITÉ; DE L'ESPRIT, ET DE SES FACULTÉS.

866 Pope : Essai sur l'homme, trad. par M. D. S. (Silhouette). 1736. *in-*12. *v.*

867 D. B. Sinfar : Pensées diverses sur l'immatérialité de l'ame, son immortalité, sa liberté. Réfutation du matérialisme. *Colmar*, 1756. *in-*12. *br.*

868 Guil. Sherlock : De l'Immortalité de l'ame. *Amst.* 1735. *in-*8.

869 L'Amy : Explication méchanique & physique des fonctions de l'ame sensitive. *Paris*, 1681. *in-*12.

870 Suedemborgius de infinito & causa finali creationis, de que mechanismo operationis animæ & corporis. *Dresda*, 1734. *in-*12.

871 L'Ame, ou le Systême des Matérialistes. *Avignon*, 1759. *in-*12.

872 Charles Bonnet : Essai Analytique sur les facultés de l'ame. *Copenh.* 1760. *in-4.*

873 Hoadley : De la Certitude des Connoissances humaines. *Londres,* 1741. *in-12.*

874 Locke : Essai Philosophique sur l'Entendement humain. *Amst.* 1729. *in-4*

875 Abrégé du même, par Bosset. *Londres,* 1720. *in-8.*

876 Hume : Essais Philosophiques sur l'Entendement humain. *Amst.* 1758. *2 vol. in-12.*

877 Mallebranche : Recherches de la vérité. *Paris,* 1683. *3 vol. in-12.*

878 Le même. *Paris,* 1712. *in-4.*

879 Le Gendre de Saint-Aubin : Traité de l'Opinion, ou Mém. pour l'Histoire de l'Esprit humain. *Paris,* 1735. *6 vol. in-12.*

880 Vauvenargues : Introduction à la connoissance de l'Esprit humain, avec des réflexions & maximes. *Par.* 1746. *in-12.*

881 De Condillac : Essai sur l'origine des Connoissances humaines. *Amst.* 1746. *in-12.*

882 Huarte : Examen des Esprits. *Paris,* 1675. *in-12.*

883

884 Examen des Critiques du Livre intitulé de l'Esprit. *Londres,* 1760. *in-12.*

885 Huet : Traité philosophique de la foiblesse de l'Esprit humain. *Londres,* 1741. *in-12.*

886 Gamaches : Systême du Cœur, ou Connoissance du Cœur humain. *Paris,* 1708. *in-12.*

887 De Condillac : Traité des Animaux. *Paris,* 1755. *in-12.*

888 Boullier : Essais Philosophiques sur l'ame des Bêtes, de son existence & de sa nature. *Amst.* 1728. *in-12.*

889 Hy. Bougeant : Amusement Philosophique sur le langage des Bêtes. *Par.* 1739. *in-12.*

DES ESPRITS, ET DE LA SCIENCE CABALISTIQUE.

890 Balth. Bekker : Le Monde enchanté, ou Sentimens sur les Esprits, leur nature & leur pouvoir, &c. *Amst.* 1694. *7 vol. in-12.*

891

891 Bodin : De la Démonomanie des Sorciers. *Paris*, 1580. *in-4*.

892 Lamb. Danæi de Veneficiis & Sortiariis. 1581. *in-12*.

893 Henry Boguet : Discours des Sorciers. *Lyon*, 1603. *in 8*.

894 Mart. Delrio Disquisitiones Magicæ. *Lugd*. 1604. *in-fol*.

895 Trinum Magicum sive secretorum Magicorum opus. *Francof*. 1673. *in-16*.

896 Histoire prodigieuse & lamentable de Jean Fauste, grand Magicien. *Cologne*, 1712 *in-12*. *br*.

897 Naudé : Apologie des grands hommes soupçonnés de magie. *Amst*. 17.2. *in-12*.

898 Henry Corn. Agrippa : De la Philosophie occulte. *La Haye*, 1727. 2 *vol. in 8*. *fig*.

899 Le même Livre *gr. pap*. 2 *vol. in-8*.

900 Les Secrets d'Albert le Grand. *Cologne*, 1722. *in-12*. *fig*.

901 Secrets merveilleux du Petit Albert. *in-12*.

902 Jo. Bapt. Portæ : Phytognomonica. *Francof*. 1591. *in-8*.

903 Joan. Bapt. Portæ : Magia naturalis. *Rothomagi*, 1650. *in-8*.

904 Cardan : De la Subtilité, trad. par Richard le Blanc. *Rouen*, 1642. *in-12*.

905 Le Comte de Gabalis, ou Entretiens sur les Sciences secrettes. *Paris*, 1671. *in-12*.

906 Jacobi Gaffarelli curiositates inauditæ, latine cura Greg. Michaëlis. *Hamburgi*, 1676. *in-12*.

PHYSIQUE.

907 Gasparis Schotti : Physica curiosa. *Herbipoli*, 1667. *in-4*.

908 Rohault . Physique & Œuvres posthumes. *Par*. 1674. 2 *vol. in-12*.

909 Jaco. Rohaulti : Physica Newtonianis adnotationibus ornata, lat. facta à Samuele Clarke. *Lugd. Bat*. 1738. *in-8*.

910 Perrault : Essais de Physique. *Paris*, 1680. 4 *vol. in-12*.

911 Joseph. de Tertiis : de curiositatibus Physicæ tracta-
tus. *Mediola*, 1686. *in-8*.

912 Nic. Hartsocker : Principes & Conjectures de Phy-
sique. *Paris*, 1696 & 1707. 2 *vol. in-4*.

913 Joan. Joach. Beckeri : Physica subterranea, ex edit.
Georg. Ernesti Stalh. *Lipsiæ*, 1703. 2 *vol. in-8*.

914 Edm. Dickinsoni : Physica Mosaica. *Hamburgi*,
1705. *in-12. fig.*

915 Chambon : Principes de Physique. *Par. in-12*.

916 Roberti Boyle : Opera varia. *Geneva*, 1714. 4 *vol.
in-4*.

917 Boyle : Philosophie des Corpuscules, trad. par de
Rostagny. *Lyon*, 1689. *in-12*.

918 Observations curieuses sur toutes les parties de la
Physique *Paris*, 1726. 3 *vol. in-12*.

919 Gulielm. Jacob. S'Gravesande : Physices elementa
Mathematica. *Lugd. Bat.* 1725. 2 *tom. en* 1 *vol.
in-4. fig.*

920 La même, trad. par de Joncourt. *Leyde*, 1746.
2 *vol. in-4. fig.*

921 Guliel. Whiston : Prælectiones Physico Mathema-
ticæ. *Lond.* 1726. *in-8*.

922 Jacobi Jurin : Dissertationes Physico Mathematicæ.
Londini, 1732. *in-8. br.*

923 Joseph Privat de Molieres : Leçons de Physique.
Paris 1734. 4 *vol. in-12. fig.*

924 Regnault : Origine ancienne de la Physique nou-
velle. *Paris*, 1735. 3 *vol. in-12*.

925 Du même : Entretiens de Physique. *Paris*, 1737. 4
vol. in-12. fig.

926 Deslandes : Traité de Physique. *Paris*, 1736. *in-
12. fig.*

927 Joan. Keill. Introductiones ad veram Physicam.
Lugd. Bat. 1739. *in-4*.

928 Madame du Châtelet : Institutions Physiques. *Par.*
1740. *in-8*.

929 Gauthier : Observations sur la Physique, l'Histoire
Naturelle & les Arts. *Paris*, 1755. 3 *vol. in-4. br.*

930 Physique des Corps animés. *Par.* 1755. *in-12*.

931 Principes Physiques, du P. Bertier. *Par. Imp. Roy.*
1764. 3 *vol. in-12*.

932 La Phyſique de l'Hiſtoire, ou Conſidérations gé-   2. 10
nérales ſur les principes élémentaires du tempérament
& du caractere naturel des Peuples. *Par.* 1765. *in-12.*

DU MONDE, ET DE SA CRÉATION.

933 Hiſtoire Univerſelle des Syſtêmes des Philoſophes   9.
tant anciens que modernes, touchant l'origine & la
création du Monde, trad. de l'Anglois. *La Haye,*
1740. *in-12.*

934 Roberti Flud: Alias de fluctibus, utriuſque Coſmi
Metaphyſica, Phyſica atque Technica Hiſtoria.
Oppenhemii, 1617. *in-fol.*

935 Ejuſdem Philoſophia Moſaica. *Gouda,* 1638. *in-*   30
fol. fig.

936 Le Monde naiſſant, ou Création du Monde, ſui-   3.
vant l'Hiſtoire de Moyſe. *Utrecht,* 1686. *in-8.*

937 Saulnier: Coſmologie du Monde, tant Céleſte que   1. 4
Terreſtre. *Paris,* 1618. *in-8.*

938 Zahn: Mundi mirabilis œconomia. *Norimb.* 1696.   72.
in-fol. gr. p.

939 Iſaaci Newtoni: de Mundi Syſtemate liber. *Lond.*   6.
1731. *in-4.*

940 Algaroti: Il Newtonianiſmo per le Dame, Dia-   2. 2.
loghi ſopra la luce e i colori. *Napoli,* 1739. *in-4.*

941 Le même; trad. par Duperon de Caſtera. *Paris,*   3. 10
1738. 2 *vol. in-12.*

942 Maillet: Telliamed, ou Entretien d'un Philoſophe   3. 18
Indien: donné par l'Abbé le Maſcrier. *Amſt.* 1718.
in-8.

DE L'AIR, DES ASTRES, DES MÉTHÉORES
ET DES COULEURS.

943 Paſcal: de l'équilibre des Liqueurs, & de la peſan-   1.
teur de la maſſe de l'Air. *Paris,* 1664. *in-12.*

944 R. Cottes: Leçons de Phyſique expérimentale ſur   2. 4.
l'équilibre des Liqueurs; trad. de l'Anglois. *Paris*
1742. *in-8.*

945 Ottonis de Guericke: Experimenta nova, Magde-   4. 15
burgica, de Vacuo ſpatio. *Amſtel.* 1672. *in-fol. fig.*

1ᶠ 16 946 Gottlieb Ephr. Berneri : Exerci. Phifico-Medica de efficacia & u'u aëris mechanico in Corpore humano. *Amft.* 1723. *in-12.*

947 François : des influences des Aftres ; *in-4.*

2. 948 D. de Mairan : de l'Aurore Boréale. *Paris*, 1733. *in-4. fig.*

1. 949 Rob. Boyle : de Cofmicis rerum qualitalibus, Cofmicis fufpicionibus temperie fublunarium regionum, &c. *Amftelod.* 1671 *in-12.*

950 P. Bayle : Penfées diverfes, écrites à l'occafion de la Comete qui parut en 1680. *Rotterdam*, 1704. 4 *vol. in-12.*

12. 951 Du même : Réponfe aux Queftions d'un Provincial. *Amfterd.* 1704. 5 *vol. in-12.*

952 Du même : Entretiens de Maxime & de Thémifte. *Rotterdam*, 1707. 2 *vol. in-12.*

3. 953 Lettre fur la Comète : 1742. *in-12. m.*

1. 954 Bertici : Phyfique des Comètes. *Paris*, 1760. *in-12.* broché

1. 10 955 Traité de la lumiere, où font expliquées les caufes de ce qui lui arrive. *Leyde*, 1690 *in-4.*

1. 1. 956 Joan. Runckels : Phofphori mirabilia. Difcurfus de nitro ; 1678. *in-12.*

3. 2 957 Joan Henrici Cohaufen : Lumen novum, five caufa lucis in Phofphoris tam naturalibus quam artificialibus. *Amftelod.* 1717. *in-8.*

2. 12. 958. Beccerus . de quam plurimisphofphoris nunc primum detectis. *Bononia*, 1744. *in-12.*

3. 959 Joan. Nardii : de Rore diquifitio Phyfica. *Florent.* 1742. Ejufdem de Igne fubterraneo Phyfica profufio. *Florentia*, 1641. —— Fortunati fidelis de Relationibus Medicorum, libri quatuor. *Panormi*, 1702. *in-4.*

2. 10 960 Relox : Aftronomico de temblores dela tierra, per Juan de Barreneclea. *Lima*, 1729. *in-4.*

5. 19 961 Bertrand : Mémoires hiftoriques & Phyfiques fur les tremblemens de terre. *La Haye*, 1757. *in-12.*

3. 962 D. de Mairan : Differtation fur la Glace. *Paris*, *Impr. Royale*, 1749. *in-12.*

963 Ariftotelis : vel Theophrafti de Coloribus libellus. *Parif.* 1549. *in-12.*

964 Robert. Boyle : Experimenta & confiderationes de
  coloribus. *Amftelod.* 1667. *in-12.*
965 Nev. Pratical improvements and Obfervations
  touching colours, Boyle by John Horfnail. *London,*
  1738. *in-8. br.*

PHYSIQUE EXPÉRIMENTALE.

966 Davidis Vender Beete : Experimenta & meditiota-
  nes circa Naturalium rerum Principia. *Hamburgi,*
  1674. *in-12.*
967 Francifci Redi : Experimenta Naturalia. *Amftel.*
  1675. *in-12. fig.*
968 Pan-Sophia : feu Philofophia univerfalis experi-
  mentalis : 1682. *in-12.*
969 Joan. Chriftoph. Sturmius : Collegium experimen-
  tale, five curiofum, five primaria feculi fuperioris
  inventa & experimenta Phyfico-Mathematica. *Norim-*
  berga, 1701. *in-4.*
970 Pierre Poliniere : Expériences de Phyfique. *Par,*
  in-12. fig.
971 Herman. Friderici Teichmeyeri : Elementa Philo-
  fophiæ naturalis & experimentalis *Jena,* 1724. *in-4.*
972 Robert Hookes : Philofophical experiments and
  Obfervations, punifhid, by Wilderham. *London,*
  1726 *in-8.*
973 Chrift. Vateri : Phyfica experimentalis Syftematica.
  Wittemb. 1734. *in-4.*
974 P. Van Muffchembroeck : Elementa Phyfices. *Lugd.*
  Bat. 1734. *in-8.*
975 Ejufd. Phyfica experimentalis & Geometrica. *Lugd.*
  Bat. 1729. *in-4. fig.*
976 Eadem : *Lugd. Bat.* 1731. 2 *vol. in-4. fig.*
977 Les mêmes, augmentés & trad. *Leyde,* 1739. 2
  tomes ; 1 *vol. in-4.*
978 Nollet : Programe, ou idée générale d'un Cours
  de Phyfique *Paris,* 1738. *in-12.*
979 Du même : Leçons de Phyfique expérimentale,
  & Ouvrages fur l'Électricité. *Paris,* 1743. *& fuiv.*
  8 *vol in-12 fig.*
980 Jallabert : Expérience fur l'Électricité, avec quel-

ques conjectures fur la caufe de fes effets. *Geneve*,
1748. *in-8*.

HISTOIRE NATURELLE GÉNÉRALE.

981 Jacob. Scheuchzer : Bibliotheca fcriptorum Hifto-
riæ Naturalis. *Tiguri*, 1716. *in-12*.

982 M. de Caftillon : De la Nature. *Amfterd.* 1721.
2 *vol. in-8*.

983 C. Plinii : Hiftoria Naturalis, libri XXXVII. ex
edit. Jacob. Dalecampii. *Colonia*, 1615. *in-fol*.

984 Plinius : ex edit. Joan. Harduini. *Paris*, 1723. 3
tomes; 2 *vol. in-fol*.

985 Pline : Trad. par Dupinet. *Lyon*, 1684. 2 *tom*.
en 1 *vol. in-fol*.

986 Franc. Baconis : De verulamio filva filvarum, five
Hiftoria Naturalis, & nova Atlantis. *Amftelod.* 1661.
in-12.

987 Bacon : Hiftoire Naturelle. *Paris*, 1631. *in-8*.

988 Joan. Jonftonii : Hiftoria Naturalis de Pifcibus,
de Infectis, de Quadrupedibus, de Avibus, & de
Arboribus. *Francof.* 1662. 3 *vol. in-fol. fig*.

989 Hiftoria Naturale di Ferrante Imperato. *Venetia*,
1762. *in-fol. fig*.

990 Noël Pluche : Le Spectacle de la Nature. *Paris*,
1732. 4 *vol. in-12. fig*.

991 Colonne : Hiftoire Naturelle de l'Univers. *Paris*,
1734. 4 *tom*. 2 *vol. in-12*.

992 Vallemont de Boinaire : Dict. d'Hiftoire Naturelle.
Paris, 1764. 5 *vol. in-8*.

993 Explication abrégée de fept cens dix-neuf Plan-
tes, & de cent trente-quatre Animaux, fuivant la
matiere Médicale de Geoffroy, par M. de Garfault.
Paris, 1765. 6 *vol. in-8. br*.

994 Philip. Ulftadius : de fecretis Naturæ. *Parif.* 1543.
in-12.

995 Levini Lemnii : Occulta Naturæ miracula. *Antuerp*.
1559. *in-12*.

996 Le même, trad. *Paris*, 1567. *in-8*.

997 Nicol. de Locques : Rudiment de la Philofophie
naturelle, touchant le Syftème des corps mixtes.
Paris, 1665. *in-8*.

998 Paolo Boccone : Obfervazioni naturali. *Bologna*, 1684. *in*-12.

999 Le même, trad. *Amfterd.* 1674. *in*-12. . . . 1. 16

1000 Hieronimi Mercurialis : lectiones. *Bafilea*, 1576. *in*-8. *parch.*

1001 Idea del Giardino del mondo di Thomafo Tomai. *Vinegia*, 1602. *in*-12.

1002 Kornmanni : Templum naturæ hiftoricum. *Daumbf.* 1611. *in* 12.   3. 12

1003 René - François : Merveilles de la Nature & de l'Art. *Rouen*, 1631. *in*-12.   1. 8

1004 Denife : Principales merveilles de la Nature. *Amfterd.* 1726. *in*-12. *fig.*   1. 10

1005 Walfchius : de fubjecto univerfale : 1658. *in*-12. Germanice.

1006 Ant. Le Grand : Curiofus rerum abditarum Natu-ræque arcanorum perfcrutator. *Norimb.* 1681. *in*-12.   1. 13

1007 Johan Ottoria de Gellwig : Arcana majora. *Francf.* 1712. 2 vol. *in*-12. German.

1008 David Beuth : Univerfalia & particularia : 1718. *in*-12. German.   1. 19

1009 Gerard Boote : Hiftoire Naturelle d'Irlande. *Par.* 1676. *in*-12.   1. 12

1010 Gabrielis Rzaczinfki : Hiftoria Naturalis curiofa Poloniæ. *Sandomivia* : 1721. *in*-4.   12

1011 De Surgy : Mélanges intéreffans & curieux, ou abrégé d'Hiftoire Naturelle de l'Afie, de l'Afrique, &c. *Paris*, 1762. 2 vol. *in*-12.   4. 10

1012 Ant. Colin : Hiftoire des Drogues, Epiceries & Plantes qui naiffent aux Indes ; trad. du latin, de Charles de l'Eclufe. *Lyon*, *in*-8. *fig.*   2. 16

1013 Exercitatio Phyfico - Medica de virtute Cam-phoræ, refrigeratæ. *Lipfia*, 1734. *in*-12.   2. 13

1014 De Rochefort : Hift. Naturelle des Ifles Antilles de l'Amérique. *Lyon*, 1667. 2 vol. *in* 12.   2

1015 Joan. Terent. Lyncei rerum Medicarum novæ Hifpaniæ thefaurus, feu Plantarum, Animalium, Mineralium Mexicanorum Hiftoria. *Roma*, 1648. *in*-fol. *fig.*   26

HISTOIRE NATURELLE DES ÉLÉMENS.

3.   1016 Jac. Roubois de Turcoin : Du Baromètre ; de la Formation du Globe de la Terre ; du Flux & Reflux de la Mer, mis au jour par Dury de Champdoré. *Leyde,* 1719. *in* 12.

13. 19 1017 Claudii Dausqui. : Terra & Aqua, feu Terræ Fluctuantes. *Parif.* 1677. *in*-8.

1. 10 1018 Examen défintéreflé des différens Ouvrages qui ont été faits pour déterminer la figure de la Terre. *Oldemb.* 1738.

     Examen des trois Differtations que M. Defaguiliers a publiés fur la figure de la Terre. *Oldemb.* 1738. *in*-12.

3.   1019 De la Figure de la Terre, déterminée par les obfervations de MM. Maupertuis, Clairaud, Camus, le Mofnier, Outhier, & publiée par M. de Maupertuis *Par. Imp. Roy.* 1738. *in* 8.

3.   1020 Clairaut : Théorie de la Figure de la Terre. *Paris,* 1743. *in*-8.

12.   1021 T. Burnetii : Telluris Theoria facra. *Amft.* 1694.

8. 13 1022 Joan Woodwardi : Naturalis Hiftoria Telluris. *Londini,* 171 . *in* 8.

7. 4 1023 Noguez : Trad. de la Géographie Phyfique, ou Effa. fur l'Hiftoire Naturelle de la Terre, par Woodward *Paris,* 1735. *in*-4. *fig.*

6.   1024 Joan. Joachimi Beccheri : Phyfica fubterranca. *Lipf.* 1638. *in*-4.

33. 2 1025 Athanafi Kircheri : Mundus fubterraneus. *Amft.* 1665. *in-fol* fig.

2.   1026 Gu l. Gilbertius : De Magnete Magneticis que corporibus & de Magno Magnete tellure. *Londini,* 1600. *in-fol.* fig.

7. 14 1027 Eln Natural Hiftory of the earth. and terreftrial Bodyes by Joan Woodward. 1723. *in*-8.

1. 10 1028 Hales : Du Ventilateur, trad. par Demours. *Par.* 1744. *in*-12.

2. 14 1029 Blaife de Vigenere : Traité du Feu & du Sel. *Rouen,* 1642. *in*-4.

HISTOIRE

HISTOIRE NATURELLE DES FOSSILES,
MÉTAUX ET MINÉRAUX.

1030 Geor. Argicola : De ortu & causis subterraneorum, de natura eorum quæ ex terra effluunt. De natura Fossilium , de veteribus & novis Metallis. *Witteberga,* 1612. *in-8.*

1031 Francis. Ernesti Bruckinanni : Magnalia Dei in 48 locis subterraneis. 1727. 3 *vol. in-fol. fig.*

1032 Eman. Swendenborgii : Principia rerum naturalium *Dresda,* 1734. 3 *vol. in-fol. fig.*

1033 Nouvelles idées sur la formation des Fossiles. *Par.* 1751. *in-12.*

1034 A. J. Dezalliers d'Argenville : Enumeratio Fossilium , quæ in Provinciis Galliæ reperiuntur. *Paris.* 1751. *in-8.*

1035 Joan. Henri Schrettei : Orictographia , sive Fossilium & Mineralium in agro Jenensi descriptio , & Georg. Wolfg. Wedelius de Vino Jenensi. *Lipsia,* 1720. *in* 12.

1036 An Attempt Touvards a Natural History of the Fossils of England, by J. Woodward. *London,* 1729. 2 *vol. in-8*

1037 John , Petty , Fodinæ Regales , or the History lauss , places , of mines , and mineral of England. *London,* 1670. *in-fol.*

1038 Minéralogie de Valerius : trad par M. le B. d'Holbac. *Paris,* 1753. 2 *vol. in-8.*

1039 A discovery of subterrane all treasure. viz all manner of mines and mineralls. *London,* 1639. *in-4. br.*

1040 Georgius Agricola : De re Metallica. *Basilia,* 1561. *in-fol. fig.*

1041 Andr. Cæsilpinus : De Metallis. *Roma,* 1596. *in-4.*

1042 Lazar. Eckers : Aula subterranea, domina dominantium , subdita subditorum. 1701. *in-fol.*

1043 Gabriel. Falloppii : Opera de Mineralibus & de Metallis. *Venet.* 1563. *in-4.*

1044 Chambon : Traité des Métaux & des Minéraux *Paris,* 1714. *in-12.*

H

4. 19 1045 Emmanuelis Koenig. Regnum Minerale : generale & speciale. *Basilea*, 1703. *in-4.*

1046 Minera doro, di Girolami. *in-4.*

3. 9 1047 P. D. R. de Rosnel : Le Mercure Indien, ou le Trésor des Indes, de l'or, de l'argent, &c. *Paris*, 1672. *in-4.*

12. 1048 Quillatador de la Plata : Oro y piedras, por Joan Arphe de Villafanne. *Valladolid.* 1572. *in-4.*

1. 1049 Alexand. Von. Scuhten : Misteria antimonii genuina. 1613. *in 8.*

1050 Angeli Falœ : Anatomia antimonii. *Lugd. Bat.* 1617. *in·12.*

5. 1051 Poppiers : De l'Antimoine. *in-4. mss.*

1052 Jo. G. Remboth : Arsenicum esse sal nitrum. 1758. *in-8.*

2. 11 1053 Amadeus Friedlibius David. Rebentrosts Georgi. Reilings de Bismutho. *Lipsia*, 1718. *in-12.*

3. 1054 Marti Schoockhius : De Turffis ceu cespitibus bituminosis. *Groninga*, 1658. *in-12.*

3. 10 1055 Matthiæ Zachariæ Pillingen : Bitumen, & lignum Fossile bituminosum. *Attenburgi*, 1674. *in-12. br.*

1056 Philip. Jaco. Horkmanni : Succini Prussici Historia & demonstratio. *Lond.* 1679. *in-4.*

5. 1057 Nathan. Scudelii : Electrologia, seu de succinorum natura, perfectione, & arte. *Elbinga*, 1725. *in-4.*

1. 19 1058 Mémoires sur l'Huile de Petrole en général, & particulierement sur celle de Gabian. 1752. *in·4.*

1. 1059 Lud. Reinhard : Binninger origetographiæ Agri Buxovillani Helviciniæ specimen. 1762. *in·4.*

1. 1060 Tilly : Utilité, Nature & Exploitation du Charbon minéral. *Paris*, 1758. *in-8. br.*

1. 1061 Il triomfo del Mercurio, di Carlo Lancilotti. *Modena*, 1677. *in-16.*

8. 1062 Balthaz. Churharti : De Belemnitis Suesicis dissertatio. *Augusta Vindel.* 1727. *in·4.*

5. 1063 Joan. Christop. Harembergi : Encrinus seu lilium lapideum. 1729. *in-4.*

8. 15 1064 Joan. Philip. Breynii : Epistola de melonibus petrefactis montis carmel vulgo creditis. *Lipsia*, 1722. *in 4.*

1065 Guliel. Glocenites : De Magnete Magneticis que   3. 12
corporibus, & Magno Magnete tellure. *Sedini*, 1633.
in-4.

1066 Athanafii Thircheri : Magnes, five de arte Ma-   4.
gnetica. *Coloniæ*, 1643. *in*-4. *fig.*

1067 D'Alencé : Traité de l'Aimant. *Amfterdam*, 1687. 9
in-12. *fig.*

1068 Meynier : Mémoire fur le fujet du Prix propofé à 1. 10
l'Académie en 1729, touchant l'Aiguille aimantée.
Paris, 1732. *in*-12.

1069 Gulielmi : de Salibus Differtatio. *Lugd. Bat.* 1. 5
1707. *in*-12.

1070 Michael Sendivogius : De Sulphure. *Colon.* 1616. 1.
in-12.

1071 Traité du Soulphre, trad. par F. Guiraud. *Paris* 1. 4
1617. *in*-12.

1072 Stahl : De Sulphure. *in*-4. *mff.*   3. 2

1073 Car. Hofmanni : Differtatio de Acido Vitrioli 1. 4
Vinofo. *Halæ*, *in*-4.

1074 Angeli Salæ : Anatomia Vitrioli & Antimonii.
1617.

Joann. Ernefti Biol : Genium feu lucerna vitæ & mortis.
1629.

Corn. Schylandri : Medicina Aftrologica. 1577.

Ejufd. Pratica Chirurgiæ. 1577.

Joan. Piftorii : Microcofmus. *Lugd.* 1618. *in*-8.

1075 Guernerii Rolfincii : Differtationes, de Tartaro 2.
Sulphure, Margaritis, auro argento, Antimonio, ferro
& cupro. *Jenæ*, 1679. *in*-4.

1076 Juftus Fidus Klobius : De Ambræ Hiftoria. *Wi-* 1. 4
temberga, 1666. *in*-4.

DES PIERRES, PIERRERIES.

1077 Théophrafte : Traité des Pierres. *Paris*, 1754. 2. 10
in-12.

1078 Dothopff : Lapis vegetabilis, Lapis animalis Mi-
crocofmicus. 1681. *in*-12. *en Allemand.*

1079 Joan. Frideri Henckel : Pyritologia. *Lipfiæ*, 1725. 1. 10
in-8. *Germ.*

1080 Traduction du même Ouvrage. *Paris*, 1760.   1.5

Du même : Preuve de l'alliance qui regne entre le regne végétal & le regne animal. *Paris*, 1760. *in* 4. *fig.*

1081 Il Fosforo o vero la pietra Bolognese preparata per rilucere fra l'ombre. Mar. Ant. Cellio. *Roma*, 1680. *in-*12.

1082 Caro. Nico. Langri : Historia Lapidum figuratorum Helvetiæ. *Venet.* 1708. *in* 4. *fig.*

1083 Lithographia Wirceburgensis, ducentis Lapidum figuratorum & insectiformium prodigiosis imaginibus ex ornata. 1726. *in fol. fig.*

1084 Casp. Bauhinus : De Lapide Bezoar. *Basil* 1613. *in-*8.

1085 Discours touchant les merveilleux effets de la Pierre Nephrytique , surnommée Divine. *Orleans*, 1713. *in-*12.

1086 Andreas Baccius : De Gemmis & Lapidibus pretiosis, &c. *Francof.* 1603. *in-*12.

1087 Robert de Berquen : Merveilles des Indes Orientales & Occidentales , ou Traité des Pierres précieuses & Perles. *Paris*, 1669. *in* 4.

1088 Leonardi : Speculum Lapidum Sympathiæ. *Hamb.* 1717. *in-*12.

1089 Bourguet : Lettres Philosophiques sur la formation des Sels & des Crystaux , & sur la génération & les machines organiques des Plantes & des Animaux. *Amst.* 1729. *in-*12. *fig.*

1090 Er. Bartholini : Experimenta Chrystalli Illandici disdiaclastici. *Hafnia*, *in-*4.

1091 Libro de las virtudes y propriedades maravillosas de las Piedras preciosas ; por Gaspar Boticario. *Madr.* 1605. *in-*12.

1092 Anselmi Boetii de Boot : Gemmarum & Lapidum Historia , cum à Tollii & Joan. de Laet notis , &c. *Lugd. Bat.* 1647. *in-*8.

1093 Trad. du même , ou le Parfait Joaillier. *Lyon*, 1644. *in-*8.

1094 Histoire des Joyaux , & des principales Richesses de l'Orient & de l'Occident. *Paris*, 1665. *in-*12.

1095 Dénombrement , Facultés & Origine des Pierres précieuses. *Paris*, 1667. *in-*12.

1096 Thefauro delle Gioie, ove fi dichiare le virtu qua-
lita e proprietate, delle Perle Gemme, Balfami, &c.
Venet. 1670. *in-12.*

1097 Roberti Boyle : Exercitatio de Origine & viribus
Gemmarum. *Lond.* 1673. *in-12.*

1098 Jo. Nic. Turichii : Chryfeidos libri III. *Argent.*
1651.

Dav. Verbezii : Pro Ray. Mindereri de Calchanto ref-
ponfio. *Aug. Vind.* 1626. *in-4.*

DES EAUX NATURELLES, MINÉRALES
ET MÉDECINALES.

1099 Jean Bane : Mémoire renouvellée des merveilles
des Eaux naturelles. *Paris,* 1605. *in-12.*

1100 Hecquet : Vertus Médicinales de l'Eau commune.
Paris, 1726. *in-12.*

1101 Joh. Heimreichnis : De Aqua communi, & de
eam examinandi modis *Coburgi,* 1738. *in-4.*

1102 Hales : De la maniere de rendre l'Eau de la Mer
potable, de conferver l'Eau douce, le bifcuit & le
bled, &c. *Paris,* 1741. *in-12.*

1103 Andreas Baccius : De Thermis. *Romæ,* 1622.
in fol. vel.

1104 De Admirando Fontium Genio. *Ferrariæ,* 1658.
in-fol. fig.

1105 Roffigneux : Analife des Fontaines falées. *Dole,*
1756. *in-4.*

1106 Henry de Rochas : Vraie Anatomie fpagyrique
des Eaux Minérales, & de toutes les chofes qui les
compofent, avec leurs qualités & vertus. *Paris,*
1637. *in-12.*

1107 Abrégé du même. *in-8. mff.*

1108 Carolus le Roy : De Aquarum Mineralium natura
& ufu. *Monfpelii,* 1758 *in-8.*

1109 Franc. Frizimelica : De Balneis Metallicis arti-
ficio parandis. *Patavii,* 1679. *in-12.*

1110 Ant. Cavallery : De la Caufe de la chaleur &
froideur des Eaux Minérales. *Bordeaux,* 1739.
in-12. br.

4. 10 1111 Bartol. à Clivolo : De Balneorum Naturalium vi-
ribus. *Lugd.* 1552. *in*-4.

1. 4 1112 Joan. Horat. Molitor : De Thermis artificialibus.
Jena, 1676. *in*-12.

1. 1113 Joan. Guintherius : De Balneis & Aqui medicatis.
Argentorati. in-12.

2. 11 1114 Duclos : Sur les Eaux Minérales de plusieurs Pro-
vinces de France. *Imp. Roy.* 1675. *in*-12.

1. 10 1115 Lettre sur l'analyse , la vertu & les effets de
l'Eau Naturelle & Minérale de la source de M. Billet ,
proche la Croix Faubin , Fauxbourg S. Antoine. *Paris*,
1707. *in*-8. *br.*

2. 10 1116 Gouttard : Des Eaux Minérales d'Abbecourt. *Par.*
1717. *in*-12.

2. 9 1117 Lettre de François Blondel à Jac. Didier, touchant
les Eaux Minérales chaudes d'Aix & de Borcet. *Brux.*
1661. *in*-18.

2. 10 1118 An. Aucane Emeric : Analyse des Eaux Minérales
d'Aix , en Provence. *Avignon*, 1705. *in*-8.

2. 10 1119 Eaux Minérales d'Attancourt , en Champagne , &
de Sermaise. *Chalons* , 1696. *in*-12.

3. 3 1120 P. des Caunets : Propriété & effets des Eaux de
Baignieres & de Barege. *Toulouse* , 1737. *in*-12.

1. 7 1121 Traité des Eaux Minérales de Baignoles. *Alençon*,
1740. *in*-8. *br.*

1122 Isaac Cattier : De la Nature des Bains de Bourbon ,
& des abus qui se commettent en la boisson de ces
Eaux. *Paris* , 1650. *in*-12.

5. 3 1123 Jean Aubery : Des Bains de Bourbon Lancy &
l'Archambaut. 1604. *in*-8.

1. 1124 Nicolas Juy : Des Propriés & Vertus des Eaux
Minérales , Boues & Bains de Bourbonne les-Bains ,
proche Langres. *Troyes* , 1728. *in*-12. *br.*

1. 8 1125 Etienne Cousturier : Des Eaux Minérales de Bour-
ges. *Bourges* , 1683. *in*-12.

1. 16 1126 Nicolas de Mailly : des Eaux Minérales de Che-
nay , près de Rheims. *Rheims*, 1697. *in*-12.

2. 1127 Découverte d'une source dans la Ville de Coulan-
ges-la-Vineuse en Bourgogne. *Paris* , 1712. *in*-8.

2. 1128 Bergeron : De la Vertu des Eaux de Gan , (près

Pau, en Bearn, Eaux du Broca). 1743. *in-*12. *br.*

1129 Jacq. Caufinot : Difcours au Roi touchant la na- 1.
ture, vertus & ufages de l'Eau Minérale de Forges.
Paris, 1631. *in-*4.

1130 Linand : Des Eaux Minérales de Forges. *Paris,* 1. 4
1697. *in-*8. *fig.*

1131 J. la Rouviere : Des Eaux Minérales de Forges.
Paris, 1699. *in-*12.

1132 Jean Tardin : Hiftoire Naturelle de la Fontaine 5. 10
qui brûle près de Grenoble. *Tournon,* 1618. *in-*12.

1133 Analyfe des Eaux Minérales de Merlanges. *Paris,*
1761. *in-*12.

1134 Differtations de MM. Rouelle, Venel, Cadet & 5. 17
de Machi, fur les Eaux de Paffy de M. Calzabigi, &
de Madame Bellani ; *petite liaffe. in-*8.

1135 J. B. Bourbonnois : Des Admirables Vertus des 2. 8
Eaux de Pouges, Bourbon & autres. *Paris,* 1618.
*in-*12.

1136 Des Fontaines de Ponques en Nivernois, de leur 1. 11
vertu, faculté & ufage, & des Bains Chauds de Bour-
bon-Archambault. *Paris,* 1584.
De la Racine Méchoacan, ou Reubarbe des Indes.
*in-*12.

1137 Jacques Duval : L'Hydrothérapeutique des Fon- 1. 11
taines Médicinales découvertes aux environs de
Rouen. *Rouen,* 1603. *in-*16.

1138 François de Heroguelle : De la Fontaine Minérale 3.
Lez-Saint-Amand. *Valenciennes,* 1691. *in-*12. *br.*

1139 Claude Fouet : Des Eaux Minérales de Vichy en 1. 19
Bourbonnois. *Paris,* 1679. *in-*12.

1140 Jehan Landrey : De la Vertu & Puiffance des Eaux 1. 19
Médicinales de Villeconte, près Billon, & de Saint-
Méarilpes, près Riom. *Orleans,* 1614. *in-*12.

1141 Sal. de Pnezac : Sur le Nil. *Paris,* 1664. *in-*8. 1. 6

1142 Raph. Fabretti : De Aquis & Aquæductibus ve- 2. 2
teris Romæ. 1680. *in-*4. *fig.*

1143 Alexander Trajanus Petronius : De Aqua Tiberina.
Roma, 1552. *in-*12.

1144 The natural Hiftory, of the Chalybeat and pur- 2. 8
ging Waters of england, by Benjamin Allen, *London,*
1699. *in-*8.

1145 The natural experimental and Medicinal History of the Mineral Waters of Desbyshire, Lincolandshire Yorkshirz and Scorboroug by Tho Short. *London*, 1734. *in-8.*

1146 An account of the Wonderfal cures por for med? by the Cold Baths by Brouvn. *London*, 1707. *in-12.*

1147 Fran. Fabricii : De Balneorum Naturalium præcipue eorum quæ funt aquisgrani, & Porceti natura & facultatibus. *Coloniæ*, 1546 *in-4.*

1148 Fran. Fabricii : Thermæ Aquenfes, five de Balneorum Naturalium aquisgrani & Porceti natura, facultatibus, &c. *Coloniæ*, 1616. *in-12.*

1149 Bathonienfium & Aquisfgranenfium Thermarum comparatio. *Londini*, 1676. *in-12.*

1150 Nicol. Dortomannus : Arnhemius de caufis & effectibus Thermarum Belilucanarum. *Lugd.* 1579. *in-12.*

1151 Braffart : Traité des Eaux Minérales de la Fontaine de Bouillon-lez-Saint-Amand, en Flandres. *Lille*, 1714. *in-12. br.*

1152 Car. Frideri. Georg. Patzius : De Aquis medicatis Burgbernheimenfibus. 1713. *in-4.*

1153 Franç. Jofephi payen : Queftiones Medicæ circa acidulas Buffanas. *Vefontione*, 1738. *in-8.*

1154 Georgii Gafp. Ihl : De Carolinis Thermis. 1719. *in-4. br.*

1155 Jo. Bap. Donatius : De Aquis lucenfibus, quæ Villenfes appellantur. *Lucæ*, 1680. *in-4. br.*

1156 Jean-Bapt. Denis : Relation curieufe d'une Fontaine découverte en Pologne. *Paris*, 1687. *in-4.*

1157 Joan. Zecchius : De Aquarum Porrectanarum ufu & præftantia *Bononiæ*, 1576. *in-4.*

1158 Refponfa Medica de probatione facultate & ufu acidularum ac fontium Schuvalbaci. *Francof.* 1631. *in-4.*

1159 J. F. Prefinal : Defcription, ou Analyfe des Eaux Minérales fer ugineufes de la Fontaine proche la Ville de Tongres. *Liege*, 1701. *in-12.*

1160 Johan. Fantons : De Thermis Valderianis. *Geneva*, 1725. *in-8.*

1161 Philippi Veberi : Ids Teniani, Thermarum Wifbadenfium defcriptio. 1617. *in-4.*

AGRICULTURE

AGRICULTURE ET MENAGE DES CHAMPS.

1162 De Vallemont : Curiosités de la Nature, & de
l'Art sur la Végétation. *Paris*, 1708. *in-12.*

1163 J. Liebaut : L'Agriculture & Maison Rustique. *Par.*
1586. *in-4.*

1164 Le Théâtre d'Agriculture & Ménage des Champs,
d'Olivier de Serres, Seigneur du Pradel. *Par.* 1600.
in fol.

1165 B. de Palyssy : Le Moyen de devenir riche, des
Eaux, Métaux, Sels, Pierres, Marnes. *Paris*, 1636.
in-8.

1166 Johan. Scheucheri : Agrostographia. *Tiguri*,
1719. *in-4.*

1167 Liger : La Nouvelle Maison Rustique, ou Econo-
mie générale de tous les biens de Campagne. *Paris*,
1721. 2 *vol. in-4. fig.*

1168 Noel Chomel : Dictionnaire Œconomique. *Paris*,
1718. 2 *vol. in-fol.*

1169 Dictionnaire (Œconomique), Domestique. *Paris*,
1762. 3 *vol. in-8.*

1170 Journal Œconomique comm. au mois de Janvier
1751, & finis. en Décembre 1760. *in-8. & in-12.*

1171 Rei rusticæ autores latini veteres M Cato, L.
Columella, M. Varro, Palladius. *Geneva*, 1595. *in-8.*

1172 Georg. Wolfgangi Wedelii : Specimen experi-
menti novi de Sale volatili plantarum. *Jena*, 1682.
in-12.

1173 Statical Essays, containing vegetable staticks,
and hamastaticks, upon the vegatables, by Steph.
Hales. *London*, 1731. 2 *vol. in-8.*

1174 M. Buffon : Trad. du même Ouvrage. *Par.* 1735.
in-4.

1175 Duhamel du Monceau : Traité de la Culture des
Terres sur les principes de Tull. *Par.* 1750. *in-12. fig.*

1176 Du même : Expériences & Réflexions sur la Culture
des Terres. *Paris*, 1753. *in-12. fig.*

1177 M. Ballial des Vertus, Administrations des Terres.
Paris, 1759. *in-8.*

1.　1178 M. de Tvrbilly : Mémoire fur les Défriche-
mens. *Paris*, 1760. *in-*12.

3.18 1179 Philofophie Rurale , ou Œconomie générale &
politique de l'Agriculture. *Amft.* 1763. 3 *vol. in-*12.

3.15 1180 A Collection , for the improvement of Hufban-
dry and trade , relating to com , cattle , coats ,
hops , wool collected by John Hongton , and
pu Rished by Rich. Bradley. *London* , 1727. 3 *vol.*
*in-*8.

1181 Le même : Trad. par M. le Marq. de Gouverney.
Paris , 1743. 3 *vol. in-*12.

1182 L. Liger : Culture parfaite des Jardins fruitiers &
potagers. *Paris* , 1714. *in* 12.

1.10 1183 The Clergy-Mans recreation , Shewing the plea-
fure and profit of the art of gardening by John Lau-
rence. *London* , 1717. *in-*8.

4.16 1184 Le Jardinier folitaire , ou Méthode de faire &
cultiver un Jardin fruitier & potager. *Paris* , 1723.
*in-*12.

HISTOIRE GÉNÉRALE ET PARTICULIERE
DES PLANTES.

11.2　1185 Petrus Andreas Matthiolus in Difcoridem. *Venet.*
Valgrif. 1583. *in-fol.*

1.　1186 Conrad. Gefneri : Hiftoria Plantarum. *Parif.*
1541. *in-*12.

1.5　1187 Jofephi Tournefort & Pauli Hermanni : Schola
Botanica. *Amft.* 1690. *in-*12.

97.　1188 P. de Tournefort : Elémens de Botanique. *Par.*
Imp. Roy. 3 *vol.* in-8. *fig.*

22.19　1189 Duhamel du Monceau : La Phyfique des Arbres ,
de l'Anatomie des Plantes , & de l'Œconomie végé-
tale. *Paris* , 1757. 2 *vol.* in-4. *fig.*

1.8　1190 Gauthier : Introduction à la connoiffance des
Plantes. *Paris* , 1760, *in-*12. *br.*

1.18　1191 Grew : Anatomie des Plantes. *Paris* , 1765.
*in-*12. *br.*

1.　1192 Dodart : Mémoires pour l'Hiftoire des Plantes.
Par. Imp. Roy. 1679. *in-*12.

1193 Obſervations ſur les Plantes & leur analogie, 6. 2 avec les inſectes. *Strasbourg*, 1741. *in-8.*

1194 Guettard : Obſervations ſur les Plantes. *Paris*, 3. 1747. 2 *vol. in-12.*

1195 Chomel : Hiſt. des Plantes uſuelles. *Paris*, 1715. 3. 3 *vol. in-12.*

1196 Antonii Mizaldi : Hortorum cultus & auxilia. *Par.* 1574. *in-12.* 18.

1197 Jacobi Barrelieri : Plantæ per Galliam & Hiſpaniam obſervatæ. *Pariſ.* 1714. *in-fol. fig.*

1198 Guy de la Broſſe : Ouverture du Jardin Royal de 1. Paris pour la démonſtration des Plantes médicinales. *Paris*, 1640. *in-12.*

1199 Vallot : Hortus Regius. *Pariſ.* 1665. *in-fol.*

1200 Sebaſtiani Vaillant : Catalogus Horti Regii. *Pariſ.* 1717. *in-4. mſſ.* 4

1201 Tournefort : Hiſtoire des Plantes qui naiſſent aux 2. 11 environs de Paris. *Paris*, 1698. *in-12.*

1202 Garidel : Hiſtoire des Plantes qui naiſſent en Pro-16. 16 vence. *Paris*, 1719. *in fol. fig.*

1203 Catalogus Plantarum tum exoticarum tum do-5. 7 meſticarum quæ in hortis haud procul à Londino ſitis in venditionem propagantur. *London*, 1730. *in-fol. fig.*

1204 Caſpar. Commelini Hortus Amſtelœdamenſis. 9. 8 *Amſt.* 1701. *in-fol. fig.*

1205 Paul Hermanni : Paradiſus Batavus ſeu Deſcriptio 6. rariorum Plantarum. *Lugd. Bat.* 1705. *in 4. fig.*

1206 Index Plantarum Horti Carolſrnhavii. *in-12. br.*

1207 Joan. Jacob. Scheuchzeri : Itinera per Helvetiam 26 Alpinaſque Regiones. *Lugd. Bat.* 1723. 2 *vol. in-4. figures.*

1208 Duhamel du Monceau : Traité de la conſervation 3. 2 des Grains, & en particulier du Froment. *Par.* 1753. *in-12. fig.*

1209 Hiſtoire Naturelle du Cacao & du Sucre. *Paris*, 3. 1719. *in-12. fig.*

1210

1211 Duhamel du Monceau : Mémoires ſur la Garance, 2. 11 & ſa culture. *Paris*, 1757. *in-4.*

1212 Joan. Bauhini : De Planta Abfynthi. *Montisbel.* 1693. *in*-12.

1213 Georgius Graw. De Majorana noftra. *Jena*, 1698. *in*-12.

1214 Barthel. de Laffemas : Du Plantage des Muriers, de la Nourriture des Vers à foie, &c. *Paris*, 1604. *in*-4.

1215 Chrifto Ifnard : Mémoires & Inftructions pour le Plan des Muriers blancs, Nourriture des Vers à foie. *Paris*, 1655. *in*-8.

1216 Le Nain : Mémoire inftructif fur les Pépinieres de Murier blanc, & les Manufactures de Vers à foie. *Poitiers*, 1742. *in*-12. *br.*

1217 Nouv. Traité des Orangers & Citronniers. *Paris*, 1692. *in*-12.

1218 Melchioris Guilandini Papirus : (*Cum notis marginalibus Jofephi Scaligeri. Venet.* 1562. *in*-4.

1219 Chrift. Franç. Paulini : Sacra Herba feu nobilis falvia. *Auguft. Vindelic.* 1688. *in*-8.

1220 Joan. Mich. Fehr : Anchora facra, feu Scorzonera *Jena*, 1666. *in*-12.

1221 Joan. Franci : Veronica Theezans, id eft collatio Veronicæ Europeæ cum thee chinitico. *Lipfia*, 1700. *in*-12.

1222 Jac. Philip. Sachs : Vitis Vinifera, ejufque partium confideratio Phyfico - Phylofophico - Hiftorico-Medico-Chymica. *Lipfia*, 1661.
Tobias Whittakerus : De Sanguine uvæ, ejufque natura & ufu, &c. *Francof.* 1655. *in*-8.

1223 The art and Myftery of Vintners and Vinecoopers. *London*, *in*-8. *br.*

1224 Hortus Indicus Malabaricus, *Amft.* 1678. *in-fol. fig.*

1225 Artificia hominum, miranda Naturæ in Sina & Europa. *Francof.* 1655. *in*-12.

1226 Les admirables qualités du Kinkina. *Par.* 1689. *in*-12.

1227 Remberti Dodonæii : Florum & coronariarum, odoratarumque Herbarum Hiftoria. *Antverpia*, 1568. *in*-8.

1228 Connoiſſance & Culture des Belles Fleurs. *Paris,* 1696. *in-*12.

1229 Secrets pour teindre la fleur d'Immortelle en di-
verſes couleurs, avec la maniere de la cultiver. *Par.* 1690. *in-*12.

1230 Traité des Œillets. *Paris,* 1698. *in-*12.

1231 Traité des Tulipes. *Paris,* 1678. *in-*12.

HISTOIRE NATURELLE DES ANIMAUX.

1232 Gualteri Charletoni : Exercitationes de differen-
tiis & nominibus Animalium. *Oxonia,* 1677. *in-fol.*
fig.

1233 Ejuſdem Onomaſticon Zoicum. *in-*4.

1234 Alphon. Borellus : De Motu Animalium. *Roma,* 1680. 2 *vol. in-*4.

1235 Antonii a Leuvenhoek : Arcana Naturæ, detecta
cum continuatione. Epiſtolæ, &c. *Lugd. Bat.* 1716
& 1722. 5 *vol. in-*4. *fig.*

1236 Johan. Franciſ. Griendelii : Micographia nova.
Norimb. 1687. *in-*4. *fig.*

1237 Franciſci Redi : De Animalculis vivis quæ in cor-
poribus Animalium vivorum reperiuntur obſervatio-
nes. *Amſt.* 1708. *in-*12.

1238 Georg. Martinicus : De Similibus Animalibus &
Animalium calore. *Lond.* 1740. *in-*8.

1239 Guillelmi Harvei : Exercitationes de Generatione
Animalium. *Amſt.* 1651. *in-*12.

1240 Henr. Ruyſch : Theatrum Animalium. *Amſt.* 1718.
2 *vol. in-fol.*

1241 MM. de Buffon & D'Aubenton : Hiſtoire Natu-
relle, Générale & Particuliere, avec la Deſcription du
Cabinet du Roi. *Paris,* 1749. & *ſuiv.* 13 *vol. in-*4. *fig.*

1242 Trois Cayers contenant chacun vingt-quatre plan-
ches de l'Hiſtoire Naturelle de Buffon, *in-fol. enlumi-
nées, dans un porte-feuille propre & fait exprès.*

1243 Th. Bartholinus de Unicornu. *Amſt.* 1678. *in-*12.

1244 Chriſtiani Franciſ. Paulini : Lycographia, ſeu de
Natura Lupi. *Ffurti,* 1694.
Ejuſ. Lagographia, ſeu Leporis deſcriptio. *Aug. Vind.*
1691. *in-*12.

6. 19   1245 Idem : De Talpa. *Ffurti*, 1689. *in-12.*

4.   1246 Ejuf. Bufo & ejus Defcriptio. *Norimbergæ*, 1686. *in-12.*

1. 11   1247 Carl. Lancillot : De Salamandra. *Lubecæ*, 1697. *in-12. Germanice.*

63.   1248 Franc. Willughbeius : De Hiftoriâ Pifcium. *Oxonii*, 1686. *in-fol. fig.*

3. 6   1249 Ch. Franc. Paullini : Cænarum Helena, feu Anguilla. *Ffurti*, 1689. *in-12.*

3.   1250 Piet. Olina Uccelliera overo difcorfo della Natura e proprieta di diverfi Uccelli. *Roma*, 1622. *in-4. figures.*

2. 18   1251 Joan. Raii : Synopfis Methodica Avium & Pifcium. *Lond.* 1713. *in-8.*

16. 19   1252 Belon : Hiftoire Naturelle des Oifeaux. *Paris*, 1555. *in fol. fig.*

34. 32   1253 Franc. Willughbeii : Ornithologia, cum iconibus Avium & Supplemento Joan. Ray *Lond.* 1676. *in fol. fig.*

71.   1254 Briffon : Ornithologie ou Méthode contenant la divifion des Oifeaux en ordre, Sections, Genres, Efpeces & leurs variétés. *Paris*, 1760. *6 vol. in-4. fig.*

8.   1255 De Reaumur : Art de faire éclore & d'élever en toute faifon des Oifeaux domeftiques. *Paris*, 2 *vol. in-12. figures.*

   1256 Traité du Serein de Canarie, & autres petits Oifeaux de voliere. *Paris*, 1707. Traité du Roffignol. *Paris*, 1707. *in-12.*

1. 13   1257 Aedologie, ou Traité du Roffignol franc ou chanteur. *Paris*, 1751. *in-12. fig.*

1.   1258 Francifcus Redi : De Generatione Infectorum. *Amft.* 1671. *in-12.*

5.   1259 J. Göedart : Hiftoire, ou Métamorphofes des Infectes. *Amft.* 1700. *in-12. fig.*

7 6.   1260 De Reaumur : Mémoires pour fervir à l'Hiftoire des Infectes. *Paris*, 1734. *6 vol. in-4.*

1. 18   1261 Hiftoire Naturelle de la Cochenille. *Amfterdam*, 1729. *in-8.*

2 5.   1262 Geoffroy : Hiftoire abrégée des Infectes qui fe trouvent aux environs de Paris. *Par.* 1762. *2 vol. in-4.*

1. 5.   1263 Obfervations fur la ftructure des yeux de divers

Insectes, & sur la trompe des Papillons. *Lyon*, 1705. *in-8.*

1264 Duhamel du Monceau : Histoire d'un Insecte qui dévore les grains de l'Angoumois. *Paris*, 1762. *in-12. fig.*

1265 P. Massuet : Recherches sur les Vers à tuyau. *Amst.* 1733. *in-12. fig.*

1266 Les Plaisirs innocens & amoureux de la Campagne, contenant le Traité des Mouches à miel. *Grenoble*, 1692. *in-12.*

1267 Olivier de Serres : La Cueillette de la Soye pour la nourriture des Vers qui la font. *Par.* 1599. *in-12.*

MESLANGES DE PHYSIQUE
ET D'HISTOIRE NATURELLE, CABINETS CURIEUX.

1268 Miscellaneous experiments and observations on various subjects, by Boyle Godefroy. *London. in-8.*

1269 Louis Feuillée : Journal des Observations Physiques, Mathématiques & Botaniques. *Paris*, 1714. 2 *vol. in-4.*

1270 Mémoires Littéraires, sur l'origine des Nations, la Pierre Philosophale, Eaux & Fontaines : Remarques critiques sur l'Histoire, la Géographie, l'Agriculture, &c. trad. de l'Anglois par Eidous. *Paris*, 1752. *in-12.*

1271 Joach. Cameratii : De Ostentis libri duo. *Vitteberga*, 1532. *in-12.*

1272 Gothof. Voigtii : Deliciæ Physicæ, lacrimæ Crocodili Amor, Ovis, Lupi, stellæ cadentes. *Rostochii*, 1671. *in-12.*

1273 Avis pour le transport par mer des Arbres, Plantes vivaces, Semences, & autres curiosités d'Histoire Naturelle. *Par. Imp. Roy.* 1753. *in-12. hr.*

1274 Museo Cospiano, annesso a quello del Ulisse Aldrovando, descritto da Lorenzo Legati. *Bologna*, 1677. *in-fol.*

1275 Philip Bonanni : Musæum Kircherianum. *Roma*, 1709. *in-fol. fig.*

1276 Cabinet d'Histoire Naturelle de G. Woodward. *Londres*, 1729. 2 *vol. in-8.*

1277 Gersaint : Catalogue raisonné de Coquilles & autres Curiosités naturelles. *Paris* , 1736. *in-12.*

1278 Du même : Catalogue raisonné de M. Bonnier de la Moson. *Paris* , 1744. *in-12.*

1279 Du même : Catalogue de M. de l'Orangere. *Paris* , 1744. *in-12.*

1280 Du même : Catalogue raisonné des différens effets du Cabinet de M. de la Roque. *Paris* , 1745. *in-12.*

1281 Du même : Catalogue raisonné de M. de Fonspertuis. *Paris* , 1747. *in-12.*

MÉDECINS ANCIENS ET MODERNES.

1282 Joh. Conr. Barchusen : De Medecinæ origine & progressu. *Trajecti* , 1723. *in-4.*

1283 J. Freind : Histoire de la Médecine depuis Galien jusqu'au seizieme siecle. *Paris* , 1728. *in-4.*

1284 Daniel le Clerc : Histoire de la Médecine. *La Haye* , 1729. *in-4. fig.*

1285 Georg. Abrah. Mercklini : De Scriptis Medicis libri duo. *Norimb.* 1686. 3 *vol. in-4.*

1286 Cornel. à Beughem : Bibliographia Medica & Physico Chymica. *Amst.* 1692. *in-12.*

1287 Bartho. Castelli : Lexicon Medicum græco-latinum ex edit. Adriani Ravesteini. *Amstel.* 1665. *in-12.*

1288 Idem. *Lipsia* , 1713. *in-4.*

1289 Dictionnaire de Santé , (par Vandermonde). *Paris* , 1760. 2 *vol. in-8.*

1290 Mesuæ : Græcorum ac Arabum Medici opera. *Venet.* 1562. *in-fol.*

1291 Avicennæ : De re Medica libri. *Venet. Valgrisius* , 1564. *in-fol.*

1292 Problême d'Aristote , de la nature de l'homme & de la femme. *Rouen* , 1660. *in-12.*

1293 Hippocratis Coacæ : prænotiones, ex edit. Ludovici Dureti. *Paris* , 1621. *in-fol.*

1294 J. Heurnii : Hippocratis Aphorismi. *Lugd.* 1615. *in-8.*

1295 Luca Verhoofd : Aphorismi Hippocratis. *Lugd. Bat. in-16.*

1296 Aphorisme d'Hippocrate, comment. par Vigier.
in-12.

1297 Du Four : Aphorismes d'Hippocrate. *Par.* 1699. 1. 12
in-12.

1298 La Metterie : Trad. des Aphorismes de Herm.
Boerhave. *Rennes*, 1738. in-12.

1299 Cl. Galenus : De Purgatione. *Lugd.* 1557. in-12. 1.

1300 Aur. Corn. Celsi : de Medicina, libri ex edit. Th. 5.
Jan. Almeloven. *Patavii*, 1722. in-8.

1301 Averrois : Opera. 1560. in-8. Parch. 1.

1302 Philip. Paracelsi : Opera. *Geneva*, 1558. in-fol. 3.

1303 Ejusdem : Medicinæ compendium, de vita longa
& suavi. *Paris.* in-12. 6. 15

1304 Micha. Alberti : Lexicon reale Observationum
Physico-Medicarum. *Halæ*, 1727. 2 vol. in-4.

1305 J. Allen : Synopsis universæ Medicinæ - practicæ,
sive de morbis, causis, remediis judicia. *Amst.* 1730.
in-8. cum notis mss. D. Hellot.

1306 F. Bayle : Problemata Physica & Medica. 1677.
in-12.

1307 Daniel. Beckheri : Medicus Microcosmus. *Lond.*
1660. in-12. 4.

1308 Honorat. Bicassii : Manuale Medicorum. *Geneva*
1660. in-8.

1309 Joan. Boecleri : Cynosura Materiæ Medicæ con- 6
tinuata. *Argent.* 1729. in-4.

1310 Herman. Boerhave : Institutiones Medicæ. *Lugd.* 1. 4
Bat. 1713. in-12.

1311 Ejusdem : Aphorimi de cognoscendis & Curandis 2. 11
morbis. *Lugd. Bat.* 1715. in-12.

1312 Ejusdem : Methodus discendi Medicinam. *Amst.* 1. 10
1726. in-12.

1313 Ejusdem : Praxis Medica. *Patavii*, 1728. 5 vol. 18.
in-12.

1314 Ejusdem : Prælectiones Academicæ, ex edit. Alberti 4. 19
Haller. *Gottinga*, 1739. 3 vol. in-12.

1315 Theophili Boneti : Pharos Medicorum. *Paris.* 1.
1673. in-12.

1316 Petr. Borelli : Historiarum & Observationum 2. 19
Medico-Physicarum Centuriæ IV. Cattieri Observa-

tiones Medicinales, Borelli, Renati Cartesii vita. *Parif.* 1657. *in*-12

1317 Henrici Josephi Cohausen : Arcana Medica. *Francof.* 1657. *in*-8.

3. 12 1318 Bern. Connor : Evangelium Medici, seu Medicina mystica, de suspensis naturæ legibus sive de miraculis. *Jenæ*, 1706. *in*-12.

1. 10 1319 Hermanni Conringii : In Artem Medicinam Introductio. *Helmestad.* 1687. *in*-4.

1320 Francis. Silvii De le Boe : Totius Medicinæ idea nova. *Parif.* 1671. 2 *vol. in*-12.

3. 1321 Ejusdem : Opera Medica. *Amst. Elz.* 1679. *in*-4.

1322 Joh. Christ. Ehelich : Dissertatio Medica. *Halæ*, *in*-4.

1. 10 1323 Petri - Joan. Fabri : Opera. *Ffurti*, 1656. *in*-4.

1. 10 1324 Joan. Fernelii : Universa Medicina. *Traj. ad Rhenum*, 1656. *in*-4.

1. 1325 Le François : Projet de Réformation de la Médecine. *Paris*, 1716. *in*-12.

6. 6 1326 Steph. Franc. Geoffroy : de Materia Medica. *Par.* 1741. 3 *vol. in*-8.

1. 1327 The Same translated by G. Bonglas. *London*, 1736. *in*-8.

1328 Conr. Gesnerus : de Remediis Secretis. *Lugd.* 1572. *in*-12.

2. 1329 Joan. de Gortes : Medicinæ compendium. *Lug. Bat.* 1731. *in*-4.

1. 4 1330 Philibert Guibert : Le Médecin charitable. *Par.* 1639. *in*-8.

1331 Idem : latine. *Paris*, 1649. *in*-8.

2. 10 1332 Gedeonis Harvei : Ars curandi morbos expectatione. *in*-8.

1. 5 1333 Le Médecin des Pauvres. *Paris*, 1672. *in*-12. *par.*

1. 10 1334 Hecquet : Médecine Théologique, ou la Médecine créé. *Par.* 1733. 2 *vol. in*-12.

1335 Joan. Hearnii : Praxis Medica. *Rotterod.* 1650. *in*-8.

3. 12 1336 Helvetii : Principia Physico-Medica. *Parif.* 1752. 2 *vol. in*-8.

1337 Du Pauli Hermanni : Cynosura Materiæ Medicæ,

ex edit. Johan. Boccleri. *Argent.* 1726. *in-4.*

1338 Frideri. Hoffmanni: Consultationes Medicinales.
  Hala, 1734. 3 *vol. in-4.*

1339 Joan. Junckeri: Conspectus Medicinæ Theorico
  Practicæ. *Hala*, 1724. *in-4.*

1340 Jacobi Keillii: Tentamina Medico Physica. *Lugd.*
  Bat. 1630. *in-4.*

1341 Le Clerc: Médecine aisée. *Par.* 1719. *in-12.*

1342 Jodo. Lommii: Observationum Medicinalium
  libri tres. *Francof.* 1688. *in-12.*

1343 Amati Lusitani: Curationum Medicinarum Cen-
  turiæ duæ. *Paris.* 1554. 2 *vol. in-12.*

1344 Joan. Majour: Tractatus de Sal Nitro & Spiritu
  Nitro æreo, de respiratione, de respiratione Fœtus
  in utere & in ovo, de motu Musculari & de Rachitide.
  Oxonii, 1674. *in-8.*

1345 Christ. Ludov. Moeglingii: Opera. *Tubing.* 1747.
  in-4.

1346 Bartholomæi de Moor: Cogitationum de ins-
  tauratione Medicinæ ad tutelam sanitatis, morbos
  profligandos libri. *Amstelod.* 1695. *in-12.*

1347 Rich Morton: Opera Medica. *Lugd.* 1696. *in-4.*

1348 Pietro Hispano: Thesaurus pauperum; *in-12.*

1349 Archibal. Pitcarnii: Elementa Medicinæ Physico-
  Mathematica. *Hagæ Comit.* 1718. *in-4.*

1350 Joan. Planerii: Varia opuscula. *Venet.* 1584. *in-4.*

1351 Petr. Poterii: Insignium Curationum & singula-
  rium Observationum Centuriæ. *Coloniæ*, 1623. *in-12.*

1352 Joan. Prævotii: Medicina pauperum. *Lugd.* 1643.
  in-12. parch.

1353 Ejusdem: Opera posthuma. *Hanov.* 1666. *in-12.*

1354 Lazari Riverii: Observationes Medicæ. *Paris.*
  1646. *in-4.*

1355 Martini Rulandi: Curationum Centuriæ decem,
  & Medicina practica. *Lugd.* 1628. *in-8.*

1356 Dan. Sennerti: Opera. *Lugd.* 1676. 6 *tom.* 3 *vol.*
  in-fol.

1357 Michaelis Aloysii Sinapii: Absurda vera, sive
  Paradoxa Medica. *Genevæ*, 1697. *in-8.*

1358 Georg. Ernesti Stahlii: Ars Sanandi morbos expec-
  tatione opposita Arti Curandi nuda expectatione,

Satyræ Harveana. *Parif.* 1730. *in-8.*

1. 11 1359 Joan. Tabor. Exercitationes Medicæ. *Londini*, 1724. *in-8.*

6. 1360 Nic. Tulppii : Obfervationes Medicæ. *Amftel.* 1641. *in-8.*

1361 Pratique de Médecine, de Théod. Mayerne Turquet. *Lyon*, 1693. *in-8.*

2. 1362 Franc. Valeriolæ : Enarrationes Medicinales. *Lugd.* 1554. *in-fol.*

1363 Paul. Gottlieb. Werhof. Actorum Medicorum Edimburgenfium Specimen. *Hann.* 1635. *in-4.*

3. 12 1364 Thom. Willis : Opera. *Geneva*, 1680. 2 *vol. in-4.*

1365 Sebaft. Wirdigi : Medicina fpirituum curiofa. *Amburgi*, 1673. *in-12.*

3. 12 1366 Obfervationes Practicæ Medicæ, *in-fol. mff.*

1367 Journal de Médecine. *Paris*, 1686. *in-12.*

31. 1368 Journal de Médecine, commencé en Juillet 1754, jufqu'en Décembre 1763. 21 *vol. in-12.*

1369 Statuta Facultatis Medicinæ Parifienfis. *Parif.* 1696. *in-12.*

2. 12 1370 De la Mettrie : Caracteres des Médecins. *Par.* 1760. *in-12.*

DES MALADIES ET DE LEURS REMEDES.

1371 Cafparis Bauhini : de Corporis humani fabrica. *Bafilea*, *in-8.*

1372 Guil. Cockburn : Œconomia corporis animalis. *Auguft. Vind.* 1696. *in-12.*

2. 1373 Lettre à M. de * * : fuite de l'Economie animale de Helvetius. *Paris*, 1725. *in-8.*

1374 Franc. Quefnay : Effai Phyfique fur l'Economie animale. *Paris*, 1736. 2 *vol. in-12.*

2. 1375 Junckeri : Confpectus Phyfiologiæ. *Hala*, 1735. *in-4.*

1376 Mart. Schoockius : de Fermentatione. *Gron.* 1663. *in-12.*

1377 Mart. Kergerus : de Fermentatione. *Wittemb.* 1663. *in-4.*

1378 Traité de la Communication des Maladies & des   3. 12.
Passions, par M. Moreau, Abbé de Saint - Hellé.
La Haye, 1738. *in*-12..

1379 Petri Pascali : Praxis Medicinæ de Febribus.
Lugd. Bat. 1631. *in*-12.

1380 De la guérison des Fievres par le Quinquina.   2.
Paris, 1681. *in*-12.

1381 Observations sur les Fiévres intermittentes gué-
ries par la graine de Panais; par L. Garnier. *Lyon*,
1745. *in*-8.   4. 6

1382 Quesnay : des Fievres continues. *Par*. 1753. 2
vol. *in*-12

1383 De Reynal : Essai sur la méthode de guérir les
Fiévres. *Paris*, 1763. *in*-12. *br*.   2. 2

1384 Tableau des Maladies, trad. du lat. de Lommius,
par l'Abbé Le Mascrier. *Paris*, 1760. *in*-12.

1385 Martini Listeri : Dissertatio de Humoribus. *Lond*. 1. 4.
1709. *in*-8.

1386 Sebastiani Birdig : Nova Medecina spirituum cu-
riosa. *Ffurti*, 1706. *in*-12. *br*.

1387 Jos. Quercetani : Tetras affectionum capitis.   1.
Marp. 1617. *in*-8.

1388 Les Remédes des Maladies du Corps humain.   1.
Paris, 1685. *in*-8.

1389 Remédes des Maladies du Corps humain, par   1. 16
de Saint-Hilaire. *Paris*, 1702. *in*-8.

1390 Helvétius : Traité des Maladies les plus fréquen-   4   3
tes, & de leurs Remédes propres. *Paris*, 1724. 2
in-12.

1392 An Essay on the Pleurisy. by John Tennent,
1736. *in*-8.

1393 Joan. Cousin : Novum Asthma. *Paris*. 1673.   1.
in-12.

1394 A Treatise of Asthma. *London*, 1717. *in*-8.   1. 4

1395 Barbeyrac : Dissertations nouv. sur les Maladies   2. 4.
de Poitrine, &c. *Amst*. 1731. *in*-12.

1396 Conrad. Gesneri : Libellus de lacte, & operibus   1.
lactariis. *Tiguri*, *in*-12.

1397 Richard. Lower : Tract. de corde, 1671. *in*-12. 1. 4

1398 Bern. Swalve : Querelæ ventriculi renovatæ. *Amst.* 1675. *in-12.*

1399 Franc. Gliffonii : Tractatus de ventriculo & inteftinis. *Amst.* 1677. *in-12.*

1400 Joh. Gabr. Rudolphus : de mulieribus largiter menftruatis. *Lugd. Bat.* 1708. *in-12.*

1401 Freind : emménologie des Femmes, trad. par Devaux. *Paris*, 1730. *in-12.*

1402 Mart. Schurigii : Spermatologia Hiftorico Medica. *Francof.* 1720. *in-4.*

1403 Franç. Mauriceau : Traité des Maladies des Femmes groffes. *Paris*, 1721. *2 vol. in-4. fig.*

1404 Leon. Favantinus : de ægritudinibus Infantium. *Lugd.* 1574. *in-12.*

1405 Georgii - Danielis Cofchwitzii : de gravidarum & puerperarum, de Infantum recens natorum regimine & affectibus. *Lypfia*, 1732. *in-4.*

1406 Differtation Phyfique fur la force de l'imagination des Femmes enceintes, fur le Fœtus ; traduit de l'Anglois de Jacques Blondel, par Albert Brun. *Leyde*, 1737. *in-8.*

1407 Belet : Lettres fur le pouvoir de l'imagination des Femmes enceintes. *Paris*, 1745. *in-12.*

1408 Differtation Phyfique à l'occafion du Négre blanc. *Leyde*, 1744. *in-12.*

1409 Cafp. Bauhinus : de Hermaphroditorum monftroforumque partuum natura. *Francof.* 1600. *in-8. fig.*

1410 Davach de la Riviere : Le Miroir des Urines. *Paris*, 1700. *in-12.*

1411 H. J. Rega : de Urinis. *Lovanii*, 1733. *in-12.*

1412 Differtatio de mictu cruento. 1721. *in-4.*

1413 Nic. Andry : Génération des vers dans le Corps de l'homme. *Paris*, 1718. *in-12.*

1414 Nic. Venette : Traité des Pierres qui s'engendrent dans les terres & dans les animaux ; *in-12.*

1415 Le Cat : Differtation fur le diffolvant de la pierre, & fur celui de Mademoifelle Stephens. *Rouen*, 1739. *in-8. br.*

1416 Expériences & Obfervations fur la Pierre ; trad. de l'Anglois, de Mademoifelle Stephens, par MM.

Morand & de Brémond. *Paris*, 1740. *in-*12.

1417 C. Muſitan : de la Maladie Vénérienne. *Paris*, 1711. 2 *vol. in-*12.

1418 De Reynal : Méthode de guérir la Vérole & les Gonorrhées virulentes, 1763. *in-*12.

1419 Syſtême de H. Boerhave, Sur les Maladies Vé-nériennes; traduit par de la Mettrie. *Paris*, 1735, *in-*12.

1420 Jourdan de Pellerin : des Maladies vénériennes. *Paris*, 1749. 2 *vol. in-*12.

1421 Réponſe de M. Keyſer au Traité des Tumeurs & Ulceres. 1759. *in-*8.

1422 Joan. Hummelius : De Podagra & Scorbuto. *Bu-dinga*, 1738. *in-*12.

1423 Traité de la Goutte. *Amſt.* 1713. — Erneſt Got-thold Struve : Paradoxum Chymicum ſine igne. *Jena*, 1614. — Joan. Herman. Furſteneau : Diſſertatio Epiſtolaris quo deſiderata circa morbos eorumque ſigna exponit. *Amſt.* 1712. — Pet. Chirac : Quæſtio Medico-Chirurgica propoſita. *Monſpelii*, 1707.—Vit. Eberhard. Rolhii : Schediaſmata Medico-practica. *Aug. Vindel.* 1712. *in-*12.

1424 Jo. Louis Petit : De la Maladie des Os. *Paris*, 1723. 2 *vol. in-*12. *v.*

1425 Santis Ardoyni : Opus de Venenis. *Baſilea*, 1562. *in-fol.*

1426 Jacq. Grevin : Livres des Venins. *Anvers*, 1568. *in-*4.

1427 J. Bapt. Condronchus : De Morbis veneficis ac veneficiis. *Mediol.* 1618. *in-*8.

1428 Hieron. Mercurialis : de Venenis. *Francof.* 1684. *in-*8.

1429 Rich. Mead : Mechanica expoſitio venenorum, ex angl. lat. à Joshua Nelſon, Mead de Imperio Solis & Lunæ. *Lugd. Bat.* 1737. *in-*8.

1430 Jo. Lindeſtolpe : De Venenis ex edit. Chriſ. Got-thi. Stenzelii. *Francof.* 1739. *in-*8.

1431 Digby : De la Guériſon des Playes par la poudre de Simpathie. *Paris*, 1670. *in-*12.

MÉDECINS DIETETIQUES.

2. 1432 Joan. Junckeri : Confpectus Therapiæ generalis *Halæ*, 1725. *in-4.*

1. 4 1433 Joan Ernef. Burgravii : Byolychnium Seu Lucernæ vitæ & mortis. *Franckquera*, 1611. *in-12.*

1434 Laurent Joubert : Erreurs Populaires touchant la Médecine & le Régime de Santé. *Paris*, 1587. *in-8.*

2. 1435 Schola Salernitana : De conservanda valetudine præcepta. *Roterdam*, 1657. *in-12.*

1. 1436 L'Efchole de Salerne & le Poëme Macaronique en vers burlefques. *Paris*, *in-12.*

1437 Michel Lelong : Régime de Santé, de l'Efcole de Salerne. *Paris*, 1643. *in-8.*

1438 Louis Cornaro : Trois Difcours nouveaux & curieux, *in-12.*

2. 1439 L'Anti-Cornaro, ou Remarques Critiques fur le Traité de la vie Sobre de Louis Cornaro. *Paris*, 1701. *in-12.*

1. 13 1440 Devaux : Le Médecin de Soi-même, ou l'Art de conferver la fanté, par l'inftinct. *Leyde*, 1687. *in-12.*

1441 De la Cour : Régime de Santé. *Paris*, 1690. *in-12.*

2. 2 1442 Sanctorius de Statica Medecina. *Lugd. Bat.* 1713. *in-12.*

2. 10 1443 Georgius Cheynæus de infirmorum Sanitate tuenda vita que producenda. *Lond.* 1726. *in-8.*

1. 11 1444 Le même : Trad. *Paris*, *in-12.*

1. 11 1445 Duhamel du Monceau : Moyen de conferver la Santé aux Equipages des Vaiffeaux. *Par.* 1759. *in-12.* figures.

2. 4 1446 De la Santé. *Paris*, 1762. *in-12.*

1. 16 1447 Tiffot : Avis au Peuple fur la Santé. *Paris*, 1762. *in-12.*

1. 10 1448 Le Begue de Prefle : Le Confervateur de la Santé. *Paris*, 1763. *in-12.*

1. 1449 Bernard. Ramazzini : de Principum valetudine tuenda Commentatio. *Patavii*, 1711. *in-12.*

CHIRURGIE.

CHIRURGIE.

1450 Joan. Sculteti : Armamentarium Chirurgicum. 2. 8
  Amst. 1662. in-8. fig.
1451 Guiliel. Fabricii Hildani : Observationes Chirur- 15
  gico Medicæ. Argentor. 1713. 2 vol. in-4.
1452 Joan. Junckeri : Conspectus tum Chirurgiæ tum 4
  Medicinæ. Halæ, 1721. in-4.
1453 Gui de Chauliac : La Grande Chirurgie. Lyon,
  1580. in-8.
1454 Joan. Falconis : Notabilia supra Guidonis Chau-
  liaci scripta. Lugd. 1559. in-4.
1455 Philip. Parcelse : La Grande Chirurgie. Lyon, 2.
  1603.
  Claude Dariot : Discours de la Goutte. Lyon, 1603.
  Trois Discours de la Préparation des Médicamens.
  Lyon, 1603. in-4.
1456 Joan. Fabri : Chirurgia Spagirica. Tolosa, 1626. 1
  in-8.
1457 Paul Barbette : Œuvres Chirurgiales & Anatomi-
  ques. Paris, 1687. in-12.
1458 Belloste : Le Chirurgien de l'Hôpital. Par., 1695. 1.
  in-12.
1459 Dionis : Opérations de Chirurgie revues & don- 6
  nées par G. de la Faye. Paris, 1757. in-8. fig.
1460 Georgius Abrahamus Merclkinus : de ortu & occasu
  transfusionis Sanguinis. Norimbergæ, 1679. in-12.
1461 Bertier : Dissertation sur cette question, si l'air de
  la respiration passe dans le sang. Bordeaux, 1739 in-12. 1. 6
1462 Explication Physique & Mécanique des effets de la
  Saignée. Paris, 1706. in-12.
1463 Mémoires de M. Al. de Haller, sur le mouvement
  du Sang & les effets de la Saignée. Lausanne, 1756.
  in-12.
1464 J. B. Silva : De l'usage, & des différentes sortes 3. 15
  de Saignées. Paris, 1726. 2 vol. in-8.
1465 Chevalier : Reflexions sur l'usage des différentes 1.
  Saignées. Paris, 1751. in-12.
1466 Fran. Tolet : De la Lithotomie, ou extraction de 1. 3
  de la Pierre. Paris, 1708. in-12. fig.

1467 De la Taille au haut Appareil, &c. par Meſſieurs Morand & Winſlow. *Paris*, 1728. *in-12.*

1468 Jurin : Relations du ſuccès de l'Inoculation de la petite Verole, dans la Grande Bretagne. *Paris*, 1725. *in-12.*

1469 De la Condamine : Mémoires ſur l'Inoculation de la petite Verole. 1754. *in-12. broc.* avec le n.° 1471

1470 Novum Lumen Chirurgicum , *in-4. Mſ.*

ANATOMIE.

1471 Antropotomie , ou l'art de diſſequer. *Paris*, 1750. 2 tom. 1 *vol. in-12. fig.* avec les n.° 1467, 1468 et 1469

1472 Caſp. Bartholini : Inſtitutiones Anatomicæ. *Lug. Bat.* 1645. *in-8. fig.*

1473 Joan Veſlingii : Syntagma Anatomicum. *Patavii*, 1647. *in-4 fig.*

1474 Diemerbroeck : Anatomie du Corps Humain. *Lyon*, 1695. 2 *vol. in-4.*

1475 Dionis : Anatomie de l'Homme. *Paris* , 1698. *in-8. fig.*

1476 Joan B. Bianchi , Abrah. Vateri , Henrici Meibomii, Cæcilii Filii opuſcula Anatomica. *Lugd Bat.* 1723. *in-8.*

1477 Saint Hylaire : Anatomie du Corps Humain, 2 *vol. in-8.*

1478 Heiſter : Anatomie du Corps de l'Homme. *Paris* , 1724. *in-8. fig.*

1479 Jean Palfin : Anatomie du Corps Humain. *Paris* , 1726. *in-8. fig.*

1480 Benigne Winſlow : Expoſition Anatomique du Corps Humain. *Paris* , 1732. *in-4. fig.*

1481 Sue : Abrégé d'Anatomie (pour les Artiſtes.) *Paris* , 1746. 2 *vol. in-12.*

1482 Joan. Brouvn : Myographia nova, ſive Muſculorum deſcriptio. *Amſtelod*, 1694. *in-fol. fig.*

1483 Myotomologie , ou Diſſection raiſonnée des Muſcles. *in-12.*

1484 Sebaſt. Reiningeri : Diſſert. de Cavitatibus Oſſium capitis. *in-4.*

1485. Henrici Ridley : Anatomia cerebri. *Lugd. Bat.* 1725. *in-8.*

1486 Mery : Description de l'Oreille. 1681. *in-12.*

1487 Remarques de M. Winslow sur le Mémoire de M. Ferrein, touchant le mouvement de la Machoire inférieure. *Paris*, 1755. *in-12. br.*

1488 Cordemoy : Discours Physique de la Parole. *Par.* 1677. *in-12.*

2489 Reg. de Graaf : De Virorum Organis generationi inservientibus. *Lugd. Bat.* 1677. *in-8. fig.*

1490 Nic. Venette : Tableau de l'Amour Conjugal, *Hollande. in-12. fig.*

1491 Laurent. Gersteri : Disputatio Medico Anatomica de vera Glandula, 1718. *in-4.*

1492 Ludovicus de Neuville : De Membrana Allantoide : Theod. Tronchin de Clitoride. *Lugd Bat.* 1736. *in-8. broc.*

1493 Regnerus de Graaf : de Succi Pancreatici Natura & usu. *Lugd. Bat.* 1671. *in-12.*

1494 Bern Swalve : Pancreas, sive Pancreatis & Succi ex eo profluentis comment. *Amstel.* 1677. *in-12.*

1495 Vers Solitaires, & autres de diverses espéces. *Paris*, 1717. *in-4. fig.*

1496 Mémoires sur les Os, par M. Fougeroux, avec ceux de Messieurs Haller & Bordenave. *Paris*, 1760. *in-8. broc.*

1497 Planches d'Anatomie. *in-fol.*

1498 Observations Anatomiques faites sur plusieurs Animaux, au sortir de la machine pneumatique. *Par.* 1664. *in-12.*

PHARMACIE.

1499 Apicius Cælius : de Opsoniis & condimentis, sive arte coquinaria, cum annot. Mart. Lister, & variorum. *Amsteld.* 1709. *in-8.*

1500 Louis Lemery : Traité des Alimens. *Paris*, 1709. *in-12.*

1501 Papin : De la maniere d'amolir les Os, & de faire cuire toutes sortes de viandes en peu de tems & à peu de frais. *Amsterdam*, 1688. *in 12.*

1502 René Moreau : du Chocolate Discours curieux. *Paris*, 1643. *in*-4.

1503 Johan Ludov. Moeglingius : De inconsiderato acidularum usu. *Tubinga*, 1630. *in*-12.

1504 Gian. Matt. Durastanti : l'Aceto scillino, *in*-12.

1505 Dissertatio Medica seu Metallicum contagium in ciborum potuum & medicamentorum preparatione, 1722. *in*-4.

1506 Matiere Médicale, ou Histoire & Usages des Médicamens & leur Analyse Chimique, ouvrage Posthume de Pitton de Tournefort, donné par Bernier. *Paris*, 1717. 2 *vol. in*-12.

1507 Nic. Lemery : Traité des Drogues simples. *Paris*, 1714. *in*-4. *fig.*

1508 La Stimmimachie, ou le grand Combat des Médecins modernes contre l'Antimoine. *Paris*, 1656. *in*-8.

1509 Nic. Guibertus : De Balsamo. *Argent.* 1603. *in*-12.

1510 Gosset : Révélation Cabalistique d'une Médecine universelle tirée du vin, avec la maniere d'extraire le sel de rosée. *Amiens*, 1735. *in*-12.

1511. Réflexions sur l'usage de l'Opium & des Calmans. *Paris*, 1626. *in*-12.

1512 Johan. Hartmanni : Discursus de Opio. *Witteb.* 1658. *in*-12.

1513 Jacq. Massard : Panacée, ou Discours sur un Remede pour la guérison des longues maladies. *Grenoble*, 1679. *in*-12.

1514 Joly : Analyse de plusieurs Polycrestes ultramarins, leurs usages & leurs propriétés. *Paris*, 1736. *in*-12.

1515 Philip. Fraundorffer : Tabulæ Smaragdinæ Medico Pharmaceuticæ. *Norimb.* 1699. *in*-12.

1516 Moyse Charas : Thériaque d'Andromacus. *Paris*, 1685. *in*-12.

1517 Paulini : Stercoris & urinæ Pharmacia. *Argentor.* 1713. *in*-12. *Germ.*

1518 Danielis Ludovici : De Pharmacia moderno seculo applicanda, dissertationes III. *Gotha*, 1685. *in*-12.

1519 Frideri Mullern : Lexicon Medico-Galeno Chymico-Pharmaceuticum. *Francof.* 1661. *in-fol.*

1520 Claud. Galeni : Pharmacopea. *Lugd.* 1561. *in-12.*

1521 Val. Cordi : Dispensatorium sive Pharmacorum conficiendorum ratio. *Antverp.* 1568. *in-12.*

1522 Art & Moyen parfait de tirer huiles & eaux de tous médicamens simples. *Paris,* 1573. *in-12.*

1523 Joan. Fernelii : De abditis rerum Naturalium & Medicamentorum causis. *Basilea,* 1579. *in-12.*

1524 Jos. Quercetani : Pharmacopœa Dogmaticorum restituta. *Marpurg.* 1622. *in-8.*

1525 Barth. Perdulcis universa Medicina. *Parif.* 1630. *in-4.*

1526 Petr. Poterii : Pharmacopœa Spagirica. *Bonon.* 1635. *in-4.*

1527 Joan. Schroderi : Pharmacopœia Medico Chymica. *Lugd.* 1649. *in-4.*

1528 William Salmon : Compendium Medicinæ Astrologicæ Galenicæ, Chymicæ. *Lond.* 1671. *in-8.*

1529 Mart. Rulandi : Secreta Spagirica. *Jena,* 1676. *in-12.*

1530 Moyse Charas : Pharmacopée Royale, Galenique & Chymique. *Paris,* 1691. *in-4.*

1531 Theo. Turquet Mayerne : Opera Medica, Pharmacopea, &c. ex edit. Jos. Brown. *Londi.* 1700. *in-folio.*

1532 Samuel. Dalei : Pharmacologia. *Lugd. Bat.* 1739. *in-4.*

1533 Codex Medicamentarius seu Pharmacopœa Parisiensis. *Parif.* 1732. *in-4.*

1534 Formula in usu pratico apud Medicos Nosocomii Lugdunensis.

Caprices de Léonard Fioravanti touchant la Médecine. trad. de l'Italien par Claude Rocard. *Paris,* 1586. *in-12.*

1535 Catalogus & Taxatio Medicamentorum tam simplicium quam compositorum officinæ Pharmaceutices civitatis Argentinensis. 1722. *in-4.*

1536 Constan. de Rebecque : Atrium Medicinæ Helvetiorum seu Pharmacopœæ promptuarium. *Geneva,* 1691. *in-12.*

1537 Dispensatorium Pharmacorum omnium, Collegii

Norimbergensis. *Norimbergæ.* 1666. *in-fol. vel.*

1538 Pharmacopea officinalis & extemporanea. or a english dispensatory. by John. Quincy. *London,* 1726. *in-8.*

1539 Pharmacopœa Collegii Regalis Medicorum Londinensis. *Lond.* 1735. *in-12.*

1540 Ja. Shipton : Parmacopeia Bateana. *Londini,* 1688; *in-12.*

1541 Formules de Pharmacie pour les Hôpitaux militaires du Roi. *Imp. Roy.* 1747 *in-12. avec le Nᵒ 1543*

1542 Pharmaceutica de Medicamentis bilem alterantibus & omnem intemperiem emendantibus. *in-12. mss.*

1543 Hermanni Follini : Amuletum Antonianum ad pestem ; & de Cauteriis. *Antverpiæ,* 1618. *in-12. avec 1541*

1544 Rod. Glocenii : De Magnetica vulnerum curatione, unguentum armarium & de luxu in conviviis. 1613. *in-12.*

CHYMIE MÉDECINALE.

1545 Bern. Penoti : Tractatus varii de vera preparatione & usu Medicamentorum Chymicorum. *Paris.* 1601. *in-8.*

1546 Joh. Hartmanni : Disputationes Chymico Medicæ. *Marpurgi,* 1614. *in-4.*

1547 Bern. G. Penoti : De Vera preparatione & usu Medicamentorum Chymicorum. *Basilea,* 1616. *in-12.*

1548 Joan. Vincentii Finckii : Encheiridion Dogmatico Hermeticum, & Tobiæ Dornreilii dispensatorium novum. *Lipsia,* 1626. *in-12. cum notis mss. marginalibus.*

1549 Matthiæ Untzeri : Opus Chymico Medicum. *Halæ Saxon,* 1634. *in-4.*

1550 Philippi Mulleri : Miracula Chymica & Mysteria Medica. *Rothoma.* 1651. *in-8.*

1551 Phædronis Jatrochemia Chirurgica, & furnus chemicus. *in-12.*

1552 Ottonis Tachenii : Hippocrates Chymicus. *Paris.* 1669. *in-12.*

1553 Joan. Helfrici Jungken : Corpus Pharmaceutico Chymico Medicum. *Francof.* 1697. *in-4.*

1554 Medicus Euporiſtus duodecim Medicamentorum. *Hagæ Comit.* 1711. —— Paul. Hermani : Lapis Ma-
teriæ Medicæ Lydius. *Lugd.* 1704. *in-12.*

1555 Joſeph. Quinti : Admirables Secrets de la Méde-
cine Chimique. *Venise*, 1711. *in-12.*

1556 Adolphi Chriſtop. Bentz : Medicina Univerſalis,
de Menſtruo Univerſali, Catalogus Medicamentorum.
Francof. 1714. *in-12. Germ.*

1557 Georgii Erneſti Stahlii : Opuſculum Chymico Phy-
ſico Medicum, *Halæ*, 1715. *in-4.*

1558 Jo. Friderici Cartheuſeri : Elementa Chemiæ Me-
dicæ Dogmatico-Experimentalis. *Halæ*, 1736. *in-12.*

1559 Malouin : Chymie Médecinale. *Paris*, 2 vol.
in-12.

1560 Chymie du Goût & de l'Odorat, ou Principes
pour compoſer des Liqueurs & Eaux de Senteur. *Par.*
1755. *in-8. fig.*

1561 Secrets & Fraudes de la Chymie & de la Pharma-
cie, trad. de l'Anglois. *La Haye*, 1759. *in-8.*

RECUEILS DE SECRETS ET REMEDES.

1562 Conrardus Geſnerus : De Remediis ſecretis. *in-8.*
figures.

1563 Alexii Pedemontani : ſecreta, cum Joan. Weckeri
ſecretis. *Baſileæ*, 1563. *in-8.*

1564 Jan. Jacq. Wecker : Antidotaire tant général que
ſpécial. *Geneve*, 1610. *in-4.*

1565 Secrets de Wecker. *in-8.*

1566 Jean Liebaut : Secrets de Médecine & de la Philo-
ſophie chimique. *Rouen*, 1643. *in-8. fig.*

1567 Recueil de Receptes, par Madame Fouquet. *Lyon*,
1676. *in-12.*

1568 Secreti overo Remedii de Madama Fochetti. *Venet.*
1686. *in-12.*

1569 Digby : Remedes ſouverains & Secrets expéri-
mentés. *Paris*, 1684. *in-12.*

1570 D'Auvergne : Recueil de Secrets touchant la Mé-
decine. *Paris*, 1692. *in-12.*

1571 De la Vergne : Secrets de Médecine, *Paris*,
1694. *in-12.*

1572 Rousseau (l'Abbé) : Secrets & Remedes éprouvés. *Paris*, 1697. *in*-12.

1573 Medecinal experiments or a collection of Remedies, and receipts. *London*, 1703. *in*-12.

1574 L'Emery : Secrets de Médecine. *Paris*, 1713. 2 *vol. in*-12.

1575 Lettre fur l'Elixir d'or & blanc du Général de la Motte. 1757. *in* 12. *br.*

1576 Le Manuel des Dames de Charité. *Paris*, 1758. *in*-12.

1577 Extrait de plufieurs Receptes, unguents de Tuthia. *in*-8. *mff.*

TRAITÉS GÉNÉRAUX DE CHYMIE.

1578 Olaus Borrichius : de ortu & progreffu Chemiæ. *Hafniæ*, 1668. *in*-4.

1579 L'Abbé Lenglet : Hiftoire de la Philofophie Hermétique. *Paris*, 1742. 3 *vol. in*-12.

1580 Guillel. Johnfoni : Lexicon Chymicum, obfcuriorum verborum & rerum Hermeticarum. *Londini*, 1651. *in*-12.

1581 Dictionnaire Hermétique. *Par.* 1695. —— Gafton le Doux, dit de Claves : de la préparation de l'or & de l'argent. *Paris*, 1595. *in*-12.

1582 Jofeph Pernety : Dictionnaire Mytho - Hermétique. *Paris*, 1748. *in*-12.

1583 Du même : Fables Egyptiennes & Grecques. *Par.* 1758. 2 *vol. in*-8.

1584 Thefaurus Chymicus experimentorum certiffimorum collectorum ufu que probatorum. *Lypfiæ*, 1609. *in*-12.

1585 Theatrum Chymicum. *Argentorati*, 1613 & 1660. 6 *vol. in*-8.

1586 Nath. Albinei : Bibliotheca Chemica. *Genev.* 1586. —— Novum lumen Chemicum naturæ fonti e manuali experientia depromptum. *Geneva*, 1653. —— Enchiridion Phyficæ reftitutæ. *Genev.* 1653. *in*-8.

1587 Bibliotheque des Philofophes Chymiques. *Par.* 1672. *in*-12.

1588 Jo. Jaco. Mangeti : Bibliotheca Chymica. *Colon.* 18 . 6
    Allobro. 1702. 2 *vol. in-fol.*

1589 Tractatus Chymicus antiquissimus , de veræ Chy- 1 . 10
    miæ fundamentis. *Aug. Vindel.* 1721. — Edm. Dic-
    kinson : de Chrysopoeia : sive dequintessentia Philo-
    sophorum de Medicamentis universalibus , *in-12.*

1590 Concordia Chymica ; *in-12. Germ.*

1591 Leçons de Chymie de l'Université de Montpel-
    lier. *Paris ,* 1750. *in-12.*

1592 Nollii : Philosophia Hermetica, de vero hermete. 1 . 4
    Porta hermetica sapientiæ , axioma , Medici remora.
    Ffurti. 1619. *in-8.*

1593 Incerti autoris liber de principiis Naturæ & Artis 1 . 6
    Chemicæ. *Geismariæ ,* 1647. *in-12.*

1594 Heronis Alexandrini : Spiritualium liber, cum 3 . 2
    addit. Jo. Bap. Aleotti. *Amstel.* 1680. *in-4.*

1595 Joan. Conradi Barchusen : Elementa Chymiæ. 4 .
    Lugd. Bat. 1718. *in-4.*

1596 Barlet : Le vrai & méthodique de la Physique 1 . 10
    résolutive, vulgairement dite Chymie. *Paris ,* 1657.
    in-4. fig.

1597 Joan. Joach. Becheri : Institutiones Chymicæ, 1 . 10
    Amst. 1664. *in-12.*

1598 Ejusdem : Opuscula Chymica rariora. *Norimb.* 3 . 6
    1719. *in-12.*

1599 Novum lumen Chymicum & Joan. Beguini,
    Tyrocinium Chymicum. *Colon.* 1617. *in-12.*

1600 Idem. *Witteberga ,* 1634. *in-12.*   1 .

1601 Le même : trad. par Rault. *Rouen ,* 1660. *in-12.*

1602 Joan. Belye : Bern. Com. Trevirensis : Tractatus
    duo Chemici. *Geismariæ ,* 1647. *in-12.*

1603 Christ. Benz : Thesaurus processuum Chymico- 1 . 16
    rum, 1715. *in 4.*

1604 Herman. Boerhave : Elementa Chemiæ. *Lugd.* 16
    Bat. 1732. 2 *vol. in-4.*

1605 The same, transl. with notes , by Shauwand 8 . 2
    Chambers *London ,* 1727. *in-4.*

1606 The same abridg'd. *London ,* 1732. *in-8.*   · · · 1 . 10

1607 Osualdi Crollii : Basilica Chymica , 1608. *in-4.*

1608 Davissone : Elémens de la Philosophie de l'Art du 1 .

feu, ou Chymie, par Jean Hellot. *Paris*, 1651. *in-8.*

1609 Cornelii Debrelii : Tractatus Chemici. *Lypfiæ*, 1723. *in-12. Germ.*

1610 Rod. Goclenii : Synarthrofis Magnetica. *Marp.* 1617. *in-8.*

1611 Petri-Joan. Fabri : Panchymici feu Anatomia totius univerfi opus. *Tolofæ*, 1646. *in-8.*

1612 Ferrarii : Tractatus Chemicus. *Geifmariæ*, 1647. *in-12.*

1613 Glafer : Traité de Chymie. *Paris*, 1668. *in-8.*

1614 Traité de la Chymie de Glafer; *in-4. mff.*

1615 Joan. Cunrad. Gerhardi : Extractum Chymicarum quæftionum. *Argent.* 1616. *in-12.*

1616 Johan. Rudolp. Glauberi : Miraculum mundi five plena perfectaque defcriptio admirabilis Naturæ. *Amft.* 1653. *in-12.*

1617 Ejufdem : Explicatio tractatuli qui miraculum mundi infcribitur. *Amft.* 1656. *in-12.*

1618 Ejufdem : in Miraculum mundi continuatio. *Amft.* 1658. 2 *part. in-12.*

1619 Ejufdem : Annotationes in nuper editam continuationem miraculi mundi. *Amftelad.* 1659. *in-12.*

1620 Ejufdem : Opus minerale. *Amft.* 1651. *in-12.*

1621 Idem : de tribus principiis Metallorum videlicet fulphure, Mercurio, & Sale Philofophorum. *Amft.* 1667. *in-12.*

1622 Idem : de Signatura falium Metallorum & Planetarum. *Amftel.* 1659. *in-12.*

1623 Ejufdem : Confolatio navigantium. *Amft.* 1657. *in-12.*

1624 Ejufdem : Apologia contra Mendaces *Amftæled.* 1655. *in-12.*

1625 Ejufdem : Arca thefauri five Appendix generalis omnium librorum, &c. *Amft.* 1660. & 1661. 2 *vol. in-12.*

1626 Ejufdem : Novum lumen Chymicum. *Amft.* 1664. *in-12.*

1627 Ejufdem : Pharmacopea Spagirica. *Amft.* 1657. *in-12.*

1628 Ejufdem : Furni novi philofophi. *Amft.* 1658. ——
Opus Minerale. *Amftel.* 1657. —— Pharmacopea
Spagyrica. *Amft.* 1654. —— Vera ac perfecta defcriptio qua ratione ex vinifecibus &c. *Amft* 1655.——
De natura Salium. *Amftel.* 1659. —— De fignatura
falium Metallorum & Planetarum. *Amft.* 1659. *in-8.*

1629 Ejufdem : Profperitas Germaniæ. *Amftel.* 1656. 8.
—— Confolatio Navigantium. *Amft.* 1657. —— De
natura falium. *Amft.* 1659. —— De fignatura Salium,
Metallorum & Planetarum. *Amft.* 1659. —— Libellus Dialogorum five colloquia. *Amft.* 1663. *in-12.*

1630 Ejufdem : Miraculum mundi five plena perfectaque defcriptio admirabilis Naturæ. *Amft.* 1658. ——
Explicatio tractatuli qui miraculum mundi infcribitur. *Amft.* 1656. —— Apologia contra mendaces. *Amft.*
1655. —— De Medicina univerfali five auro potabili vero. *Amft.* 1658. —— Vera ac perfecta defcriptio naturæ, *Amftel.* 1655.——Arca thefauris opulenta. *Amft.* 1660. *in-8.*

1631 Glauberus concentratus. *Lypfiæ*, 1715. *in-4.*

1632 Petri Guericke : Fundamenta Chymiæ rationalis.
Lypfiæ, 1740. *in-12.*

1633 Beckeri Groffe : Chymiæ concordantia. *Halla*,
1726. *in-4.*

1634 Frider. Hoffmanni : Obfervationes Phyfico-Chymicæ. *Hala*, 1722. *in-4.*

1635 Ejufdem : Differtationum Phyfico - Chymicarum
denuo recufarum trias. *Hala*, 1729. *in-4.*

1636 Joan. Maur. Hoffmani : Acta Laboratorii Chemici Altdorfini. *Norimb.* 1719. *in-4.*

1637 Johan. Frideri. Henkel : Mediorum Chymicorum conjunctionis appropriatio. *Drefd.* 1727. *in-8.*

1638 Joan. Junckeri Chymia experimentalis curiofa
mathematica. *Francof.* 1681. *in-8.*

1639 Ejufdem Confpectus Chemiæ theoretico practicæ
e dogmatibus Becheri & Stahlii. *Hala*, 1730. 2 *vol.*
in-4.

1640 Joan. Kunkelii : Obfervationes Chymicæ latinitati donatæ, ab Alvifio Carolo Ramfaio. *Londini*,
1678. *in-12.*

1641 Ejufdem : Laboratorium Chemicum de Metallorum tranfmutatione. *Hamburgi*, 1722. *in-8 Germ.*

2. 17   1642 Ejufdem : Collegium Chymicum, *in-4. mff.*

2. 5   1643 Nic. Lemery : Cours de Chymie. *Paris*, 1713. *in-8.*

12. 5   1644 Le même : donné par Baron. *Paris*, 1756. *in-4.*

3.   1645 Lefevre : Cours de Chymie. *Leyde*, 1669. 2 *vol. in-12. fig.*

5. 2   1646 Macquer : Elémens de Chymie théorique & pratique. *Paris*, 1753. *& fuiv.* 3 *vol. in-12.*

2. 5   1647 Opufcules Chymiques de Margraf. *Paris*, 1762. 2 *vol. in-12.*

2.   1648 Il difingano Chimico di Girolamo Michele. *Venet.* 1681. *in-12.*

  1649 Joan. Danielis Mylii : Bafilica Chymica. *Ffurti*, 1618. 2 *vol. in-4.*

1.   1650 Mongin : Le Chymifte Phyficien. *Paris*, 1704. *in-12. br.*

  1651 Ambrofii Mullers : Curiofa Chimia. 1704. *in-12. Germ.*

1.   1652 Nouveau Cours de Chimie fuivant les principes de Newton. *Paris*, 1723. *in-12.*

  1653 Joan. Henrici Pott : Exercitationes Chymicæ. *Berolini*, 1738. *in-4.*

6.   1654 Ejufdem animadverfiones Phyfico Chymicæ. 1756. *in-4.*

9.   1655 De Machy : Trad. des mêmes. *Paris*, 1759. 4 *vol. in-12.*

3. 19   1656 Du même : Lithogéognofie, ou Examen chymique des Pierres, des Terres, &c. *Paris*, 1753. 2 *vol. in-12.*

1. 11   1657 Bern. Redivivi : De Chymia opus. *Francof.* 1625. *in-12.*

  1658 Rhenani Opera Chymiatrica. *Francof.* 1635. *in-12.*

1. 16   1659 Introduction à la Chymie, traduit de l'Allemand de Rothe, par J. L. Claufier. *Paris*, 1741. *in-12.*

7. 10   1660 Chymie de Shauv. *Paris*, 1759. *in-4.*

  1661 Georg. Erneft. Stahlii : Aethiologia Phifiologica Chymica. *Jenæ*, 1683. *in-4.*

4. 7   1662 Ejufdem : Fundamenta Chemiæ Dogmaticæ Experimentalis. *Norimbergæ*, *in-4.*

  1663 Ejufdem : Experimenta, Obfervationes & Animadverfiones Chymicæ Phyficæ. *Berolini*, 1731. *in-8.*

1664 Dan. Stolci de Stolcenberg : Viridarium Chimicum
figuris elegantissimis adornatum poeticisque picturis
illustratum. *Francf.* 1624. *in-8. oblon.*

1665 Herm. Fride. Teichmeyeri : Institutiones Chemiæ
Dogmaticæ & Experimentalis. *Jena,* 1728. *in-4.*

1666 Andr. Tentzelii : Medicina Diastatica 1666. — Hen-
ria Khunraht Chaos Phifico Chemicum. *Argentorati,*
1699. *in-12.*

1667 Thibaut le Lorrain : Cours de Chymie. *Paris,*
1667. *in-8.*

1668 Joan. Franc. Vigani : Medulla Chymiæ. *Londini,*
1683. *in-12.*

1669 Baumé : Dissertation fur l'Æther. *Paris,* 1747.
in-12.

1670 Lucerna Salis Philofophorum. *Amfterdam,* 1658.
in-12.

1671 Halligraphia , ou vraie defcription des Sels ,
&c. *in4. mff.*

1672 Joan. Alexand. Hevelius : De Spiritu Vini. *Hala,*
1759. *in-4.*

1673 Méthode pour inftruire ceux qui prennent l'Efprit
de Vie, *in-8. br.*

1674 Cornel. Bontekoe : Fundamenta Medica five de
Alcali & Acidi. *Amft.* 1688. *in-8.*

1675 Lud. Savotius de Tetragoni Hippocratici fignifica-
tione contra Chymicos. *Parif.* 1609. *in-12.*

1676 Recueil de Secrets Chimiques , *in-12. mff.* . . . .

1677 Opérations Singulieres fur la Chymie & les Arts ,
mff. in-8. de M. Hellot.

ALCHYMIE.

1678 A Brachefco : De Alchemia Dialogi duo. *Lugd.*
1548. *in-12.*

1679 Abrahamii Aporta Leonis : De Auro Dialogi tres.
Venet. 1584. *in-4.*

1680 Achates Scyffartus : De Univerfali Tinctura : De
Metallorum Solutione, & Spiritualifatione,&c. *Lipfiæ,*
1723. *in-12.*

1681 Adriani à Mynficht : Thefaurus & Armamentarium
Medico Chemicum : Teftamentum Hadrianeum de

Auro Philofophorum lapide. *Lubecæ*, 1662. *in-4.*

1682 Agricola : Revelator Secretorum. *Colonia*, 1631. *in-12.*

3. 1683 Le Secret Livre d'Artephius : Les Figures Hyero-gliphiques de N. Flamel, & le Livre de Synefius. *Par.* 1612. *in-4.*

2. 1684 Roger. Baco : de Secretis Operibus Artis & Na-turæ & de Nullitate Magiæ. *Hamburgi*, 1618. *in-12.*

1. 1685 Chriftiani Adolphi Balduini aurum Superius & inferius. *Amftelod*, 1675. *in-12.*

1686 Jacob. Barneri : Chymia Philofophica perfecte delineata. *Norimb.* 1689. *in-12. fig.*

2 11 1687 Marci Batinariæ , Blafii Aftarii, Cœfaris Lan-dulphi : Sebaftiani Aquilani, opera. 1539. Guillel. Varignane : Secreta fublimia. *in-8.*

1688 Berth. a Sta Cruce : Secreta Alchemiæ, Medicinæ & artium. 1720. *in-12. Germanice.*

1. 1689 Floretus a Bethabor : De Petra Philofophorum. 1648. *in-12.*

1. 1690 Mart. Birrii : Tractatus de Metallorum tranfmu-tatione. *Amft.* 1668. *in-12.*

1. 1691 Jac. Bochin : Miroir temporel de l'Eternité. *Franc.* 1664. *in-12.*

1. 1692 Frider. Brebils : Concurfus Philofophorum. *Jena*, 1706. *in-12. Germanice.*

3. 5 1693 Zach. Brendelii : Chymia, & de auro potabili. *Lugd. Bat.* 1672. *in-12.*

7. 19 1694 Andreas Caffius : De Auro , Iuna fixa , Alchymia particularis. *Hamburgi*, 1685. *in-12. Lat. & Germ.*

7. 11 1695 Gabriel De Caftagne : l'Or potable , qui guérit de tous maux. *Paris*, 1613. *in-12.* Du même : Le Paradis Terreftre. *Paris*, 1613. *in-12.*

1695 Il Defiderato amico Medico in cofa di ogn. uno fpargirico fincero. *Padova. in-8*

4. 5 1697 Repertoire Alphabétique de très-excellent Chrif-tofle de Paris, envoyé à André Ogni - Bene, dans lequel eft contenu le véritable art & pratique de l'ad-mirable fcience des Philofophes , tant pour la fanté des hommes que pour la tranfmutation des métaux. *in-4. mff.*

1. 5 1698 Gabrielis Clauderi : Differtatio de tinctura uni-

verſali, ſeu lapide Philoſophorum. *Altenburgi*, 1678. *in* 4.

1699 J. Colleſſon : Idée parfaite de la Philoſophie her-
métique. *Paris*, 1631. *in*-12.

1700 Joha. Dauſtenii : Roſarium Secretiſſimum Philo-
ſophorum arcanum comprehendens. *Geiſmariæ*, 1647.
in-12.

1701 Democritus Abderita : de rebus ſacris, naturali-
bus & myſticis. Tumba Semiramidis, hermetice ſigil-
lata. *Norimbergæ*, 1717. *in*-12.

1702 Demons : La Sextence Diallactique : Nouvelle
façon d'alambiquer ſuivant la ſainte Magie. *Paris*,
1595. *in*-8.

1703 Diſcours Philoſophiques de l'Art & de la Nature,
trad. du Latin de Deſcomtes par Robert Prud'homme.
Paris, 1669. *in*-12.

1704 Deſcomtes : Diſcours Philoſophiques ſur les deux
Merveilles de l'Art & de la Nature. *Paris*, 1678.
in-12.

1705 Epiſtola Edmundi Dickinſon : Ad Theodorum
mundanum de Quinteſſentia Philoſophorum. *Oxoniæ*,
1686. *in*-8.

1706 Thom. Eraſti : Diſputatio de Auro potabili. *Ba-
ſilea*, 1576. — Idem. De Cometarum ſignificationibus
Baſilea, 1584. *in*-12.

1707 Math. Eyquem, Sieur du Martineau : Le Pilote
de l'Onde vive. *Paris*, 1678. *in*-12.

1708 Petri Joan. Fabri : Manuſcriptum. 1705. *in*-12.
Germ.

1709 Joh. Mich. Fauſtii : Lexicon Alchemiæ. *in*-12.

1710 Ejuſdem Compendium Alchimiſticum novum,
ſive Pandora. *Lipſiæ*, 1706. *in*-8. *Germanice*.

1711 Abrahami de Franckemberg : Gemma Magica.
Amſterd. 1688. *in*-12. *Germanice*.

1712 Joan. Gerhardi Decas : Queſtionum Phyſico Chy-
micarum de metallis, & medulla gebrica, de lapide
Philoſophorum. *Tubingæ*, 1643. *in*-12.

1713 Claud. Germain : Icon Philoſophiæ occultæ. *Pariſ*.
1672. *in*-12.

1714 Joh. Ludov. Hannemarni : Ovum Hermetico-
Paracelſico-Triſmegiſtum. *Franc*. 1694. *in*-12.

1.   1716 Johan. Frideri. Helvetii : De Rariſſimo Naturæ Miraculo tranſmutandi metalla. *Amſt.* 1667. *in-*12.

1. 16 1717 Joan. Iſaaci Hollandi : Opera Mineralia, & vegetabilia, ſive de lapide Philoſophorum. *Arnhemii,* 1616. *in-*12.

1. { 1718 Davidis Keſlnern : Via Regia Naturæ, ad Metallorum meliorationem. 1704. *in-*12. *Germ.*

1719 Edouardus Kellerus : De Lapide Philoſophorum. *Hamburgi,* 1676. *in-*12.

1. 4 { 1720 Kerckenmachers : Alchimia. 1720. *in-*12. *fig.*

1721 Trinum Magicum, Fr. Vinc. Koffski : Alphidii, & Lullii. *Strasb.* 1699. *Germ.*

1722 Joan. Langen : Philoſophia Naturalis. *Hamburgi* 1690. *in-*12. *Germ.*

1.   1723 Le Breton : Les Clefs de la Philoſophie ſpagyrique. *Paris,* 1722. *in-*12.

1724 Andreæ Libavii : Commentariorum Alchimiæ libri. *Francof.* 1606. 4 *vol. in-fol. fig.*

1725 Ejuſdem Appendix Syntagmatis arcanorum Chymicorum.

3 { Examen Philoſophiæ veteris & novæ.

Analyſis Confeſſionis fraternitatis de Roſea Cruce. *Francof.* 1615. *in-*12

1726 Ejuſdem Syntagma ſelectorum undequaque & perſpective traditorum Alchimiæ Arcanorum. *Francof.* 1615 *in-fol.*

1727 Lilybetani : Lux Magica Phyſica. *Venetiis,* 1686. *in-*8.

1. 4 { 1728 Pet. Bon. Lombardi : Margarita pretioſa novellæ exhibens introductionem in artem Chemiæ integram. *Argentor.* 1708. — Micha. Potier Philoſophia pura. *Francof.* 1619. *in-*12.

1. 4   1729 Raimundi Lullii : Quæ ad artem ab ipſo inventam univerſalem ſpectant opera. *Argenti.* 1588. *in-*8.

5.   1730 Ejuſdem Codicillum, Teſtamentum novum, experimenta, Medicinæ ſecreta. *Baſilea,* 1600. *in-*12.

4. 19 1731 Ejuſdem opera, duo Teſtamenta, lux mercurioſum, de tranſmutatione metallorum de compoſitione Gemmarum, epiſtola ad Regem Napoli, de

Medicinis

Medicinæ fecretis, Dialogus Demogorgon. *Coloniæ*, 1673. *in-8.*

1732 Joan. Bap. Marengus : Palladis Chimicæ arcana de- 1. 10
tecta, five mineralogia naturalis & artificialis. *Genuæ*, 1678. *in-12.*

1733 Michaelis Majeri : Septimana Philofophica. *Franc.* 1. 16
1620. *in-4. fig.*

1734 Ejufdem : Viatorium feu de Planetarum feptem
feu metallorum. *Rothomagi*, 1651. *in-8. fig.*   1. 10

1735 Jean de Mehun : Le Miroir d'Alquimie. *Paris*, 1712. *in-12.*

1736 Pet. Moreftelli : Artificiofa Ratio & via circularis. 1. 4
1646. *in-8. fig.*

1737 Henric. Neuhfii : Pia & utiliffima admonitio de 2. 10
Fratribus Rofæ Crucis. 1618. *in-12.*

1738 De Nuyfement : Tractatus de vero Sale fecreto 1.
Philofophorum. *Caffellis*, 1651. *in-12.*

1739 J. C. O. Joan. Chrift. Orfchal : Sol fine vefte,
Sol non fine vefte. 1720. *in-12. Germ.*

1740 Joan. Aug. Panthei : Tranfmutatio Metallorum,
Cœlum Philofophorum. — Ulladi : Secreta Naturæ
Fernianus : De Tranfmutatione Metallica. Schuten : 2.
De Antimonio. — Phædronis : Aquila Cœleftis.
in-8.

1741 Theophrafti Paracelfi : Archidoxorum feu de Na-
tura fecretis Myfteriis libri. *Bafilea*, 1582. *in-12.*

1742 Abregé de la Doctrine de Paracelfe & de fes Ar- 2. 5
chidoxes ; des Principes de Chymie. *Paris*, 1724.
in-12.

1743 Paracelfus : His Archidoxis. *London*, 1663.
in-12.

1744 Philalethæ : Introitus apertus ad occlufum Regis 3.
Palatium. *Amft.* 1667.
Lapidis Philofophici vera confectio. *Amft.* 1659.
in-8.

1745 Secrets reveal'd, or an open entrance to the Shut-
Palace of the King, containing the greateft treafure
in Chymiftry, by Eyreneus Philaletha. *Lond.* 1669.
in-12.   2.

1746 Les Œuvres de Planis Campy. *Paris*, 1646. *in-
fol. fig.*

N

3. 12 1747 Refpour : Rares expériences fur l'Efprit minéral
pour la préparation & tranfmutation des Corps métal-
liques. *Paris*, 1701. *in-8*.

1. 4 1748 Traités de George Riplee, expliqués par Eyrenée
Philalette. *in-8. mff.*

1749 Martini Rulandi : Progymnafmata Alchemiæ,
five problemata Chymica, cum Lapidis Philofophici
conficiendi ratione. *Francof.* 1607. *in-8*.

1. 1750 Joan. Pharamundi Rumelii : Compendium Her-
meticum, avicula Hermetis, Elixir vitæ, leo rubens
Antipodragricus, canticum canticorum. *in-16*.

1751 Chryfoft. Eerdinandi Sabor : Practica Naturæ vera,
Lapidis univerfalis. 1721. *in-12. Germ.*

1. 4 1752 Alchymia denudata, revifa & aucta. *Lipfia*,
1723.

Sebaldi Schuvartzers : Chryfopœia, adepti manuf-
cripta. *Hamburgi*, 1718. *in-12. Germanice.*

1753 Sinceri : requifita realia, five de materia ad Metal-
licam tincturam. *Lipfia*, 1723. *in-12. Germanice.*

1. 11 1754 La Pyrothecnie de Starkey, ou l'Art de volatifer
les alcalis ; par Jean le Pelletier. *Paris*, 1706. *in-12.*
broché.

1755 Ejufdem : Chymia & liquor Alcaheft. *Nurimberga*,
1722. *in-12*.

1756 Synefius : De Arte Magna. *in-12. mff.*

1757 J. Ticinenfis : Proceffus de Lapide Philofophorum,
Antonii de Abbatia, Edouardi Kellei opera. *Hamburgi*,

1. 1670. *in-12. Germanice*

1758 Urbigeri, Aphorifmi 101, Elixir Philofophorum.
Hamburgi, 1705. *in-8. Germanice.* avec le n.° 1755

1759 Philippi Ulftadii : Cœlum Philofophorum, feu de
Secretis Naturæ, *Argentor.* 1528. *in-4*.

1760 Thomas de Vagan : Quadratum Alchymifticum,
fpeculum fapientiæ, centrum Naturæ concentratum,
3. 6 difcurfus de univerfali, abyffus Alchymiæ explorata.
Hamburgi, 1705. *in-12. Germanice.*

1761 Bafilii Valentini : Currus Triumphalis Antimonii.
Tolofa, 1646.

Getardi Dornæi Aurora. Monarchiæ triadis. *Bafilea*,
1577. *in-8*.

1. 4 1762 Ejufdem : Practicæ, cum XII. clavibus Tefta-

mentum. *Francof.* 1617. *in-8. fig.*

1763 Du même : Azoth , ou le Moyen de faire l'Or 5. caché des Philosophes. *Paris ,* 1659. *in-8. fig.*

1764 Du même : Les Douze Clefs de Philosophie. *Par.* 6 1660. *in-8.*

1765 Du même : Livres dans lesquels sont montrées 2. l'origine des Mines, leur nature & propriété. *in-12. mss.*

1766 Joan. Bapt. Van Helmontii opera. *Amst.* 1648. 3. *in-4.*

1767 Ejusdem : Ortus Medicinæ id est initia Physicæ 3. inaudita , ex edit. Franc. Mercurii Vanhelmont. *Lugd.* 1667. *in-fol.*

1768 Ejusdem : Macrocosmus Microcosmus. 1691. *in-12. en Allemand.*

1769 L'Alkaest , ou Dissolvant universel de Vanhelmont ; par J. le Pelletier. *Rouen ,* 1704. *in-12.*

1770 Laurent Venturæ : de ratione conficiendi Lapidis 1. Philosophici. *Basileæ ,* 1571. —— Joan. Garlandii : De Mineralibus & compendium Alchimiæ. *in-8.*

1771 Henrici Von Batsdorff : Filum Ariadne. *Gotha ,* 1718. *in-12. Germanice.*

1772 Philosophich Wafer, Christ. Parisiensis materia 2. prima. *Hamburgi ,* 1697. *in-12. Germ.*

1773 Joan. Segeri Weidenfeld : De Secretis adeptorum. *Lond.* 1684. *in-4.*

1774 Wilesteini seu à Petra alba , disceptatio de quinta Chymicorum essentia , & Alexandri Caretiis quæstio an metalla arte permutari possint. *Basileæ.* *in-8.* 2.

1775 Joan. Jacobi Zuingeri Philaletha specimen Physicæ eclectico experimentalis. *Basileæ ,* 1707. 2 *vol.* *in-12. br.*

TRAITÉS PARTICULIERS D'ALCHYMIE.

1776 Veræ Alchemiæ artis que Metallicæ citra ænigmata , doctrinæ certus que modus. *Basileæ ,* 1561. *in-folio.*

1777 Artis auriferæ quam chemiam vocant scriptores , volumina tria. *Basileæ ,* 1610. 3 *tom en* 1 *vol in-8.*

1778 Traités (trois) , de Philosophie ; la Turbe des 1.

Payſans, ou le Code de Vérité ; la Parole délaiſſée de Bernard de Treviſan, & les douze Portes d'Alchymie autres que celles de Riplé. *Paris*, 1618. *in-8.* parchemin.

1. 1779 Artificia hominum, miranda Naturæ. *Francof.* 1655. *in-12.*

1780 Enchiridion Phyſicæ reſtitutæ Arcanum Hermeticæ Philoſophiæ opus. *Rotom.* 1657 *in-12.*

1. 10 1781 Reconditiorum ac recluſiorum opulentiæ ac ſapientiæ numinis mundi. M. ſeu Chymica Vannus. *Amſt.* 1666. *in-4.*

1. 6 1782 Le Tombeau de la Pauvreté. *Paris*, 1673. *in-12.*

1. 4 1783 Muſæum Hermeticum reformatum & amplificatum. *Francof.* 1677. *in-4.*

1. 4 1784 Ginæceum Chymicum, ſeu congeries plurium authorum qui de arte Hermetica, de Lapide Philoſophorum ſcripſerunt, quorum tractatus nec in Theatro aut alio volumine impreſſi fuerunt. *Lugd.* 1679 *in-8.*

1785 Pantaleoni : Examen Alchymiſticum. *Norimb.* 1679. —— Ejuſdem : Bifolium Metallicum. *Norimb.* 1679. — Ejuſdem : Tumulus Hermetis apertus. *Norimb.* 1684. *in-12.*

1786 Lettre d'un Philoſophe ſur le ſecret du grand Œuvre. 1686. *in-12.*

1. 4 1787 153 Aphoriſmes Chymiques. *Paris*, 1692. —— Jac Tol : Le Chemin du Ciel Chymique.... —— Ant. Duval : Lettre Philoſophique. *Paris*, 1671. ——- Lettre d'un Philoſophe ſur le ſecret du grand Œuvre. *Paris*, 1688. *in-12.*

3. 1788 Le Filet d'Ariadne, pour le Labyrinthe Hermétique. *Paris*, 1695. *in-12.*

1. 10 1789 Chymia curioſa. *Francof.* 1706. *in-12. Germ.*

1790 Le Triomphe Hermétique, ou la Pierre Philoſophale victorieuſe. 1710. *in-12.*

1. 1791 Magni Philoſophorum Arcani revelator, opus Jovis. liber de ſeptem verbis Philoſophorum. Epiſtolæ Antonii de Abbatia. *in-12.*

1792 Fred. Seiſzler : Panacea leonis, cabaliſticæ deſumpta. *Norimbergæ*, 1678.
Henricus Kunrath : De Chao Phyſico Chemicorum Catholico. *Argentorati*, 1699.

Artefii Clavis majoris fapientiæ. *Ibid.* 1699. *in*-16.

1793 Medicina Metallorum & tranfmutatio Metallorum,
Lipfiæ, 1722. *Germ.*

Joan. Saignier : Lapidis Naturalis, Philofophia & vera
ars. *Bremæ*, 1664. *in*-4.

1794 Receuil de Piéces, dont Machine à feu, Machine
à perfectionner l'ouye : Effais de Géometrie & de Phy-
fique : Piéce fur la Comete : Thefes de Mathémati-
ques, de Luce & Lumine, &c. *in* 4.

1795 De igne Magorum, Philofophorum que Secreto
extremo & vifibili, Judicium Amphitheatris, Tinctura
Antimonii. 1608. *in*-12. *en Allemand.*

1796 Lucens lux in Tenebris, de vitriolo & ejus oleo fe-
cretiffimo, de Animali Rationali, Aurum vitæ, 1677.
in-12. *en Allem.*

1797 Centrum Naturæ concentratum. 1705. *in*-12. *en
Allem.*

1798 Le Triomphe Hermetique. *Leip.* 1707. *in*-12. *en
Allemand.*

1799 Antrum Naturæ & Artis reclufum, 1710. *in*-12.
en Allemand.

1800 Brevis Tractatio de auri gradatione. *Lipf.* 1715.
in-12. *en Allemand.*

1801 Antimonium feu Materia Secunda Lapidis Philo-
fophorum, 1718. *in*-12. *en Allemand.*

1802 La véritable Science de la Chymie découverte,
1720. *in*-12. *en Allemand.*

1803 Le Charbon ardent Minéral : Arbres des Perles Phi-
lofophiques ; le Cabinet de la Nature ouvert. *Franf.*
1722. *in*-12. *en Allemand.*

1804 Vigenere : Extraits des plates, peintures de Fi-
loftrate : Traité du Feu & du Sel, *in*-12. *mff.*

1805 J. N. V. E. J. Alchymia Denudata, ex Germ. Lati-
ne facta cura Steph. Franc. Geoffroy, 2 *vol. in*-12.
manufcrit.

1806 J. N. V. E. J. L'Alchymie dévoilée, *in*-4. *mff.*

1807 De l'Antiquité Majefté Nobleffe & Utilité de no-
tre divine & facré Philofophique, *in*-8. *mff.*

1808 Elémens Chymiques, mff. Original de Nuyfe-
ment *in*-8.

1809 Eliquatio & Maceratio Mineralium, *in*-4. *mff.*

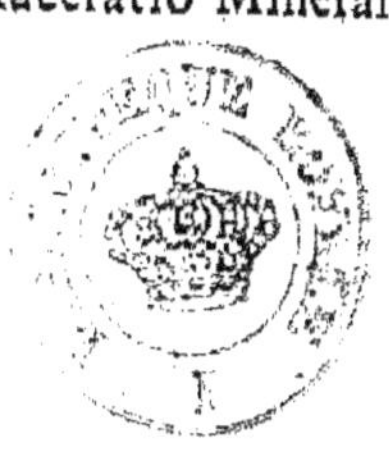

1. 11 { 1810 Epitre de Riplée au Roi Edouard, expliquée par Philalette. .'. . Commentaire sur la Récapitulation des douze Portes par Philalette, in-4. *mss.*

1811 Explication de l'Heure de Philalette, in-12. *mss.*

1. 1812 Philippe Rouillach : Du Grand Œuvre des Philosophes, in-8. *mss.*

3. 10 1813 Huile pour tirer la senteur des fleurs qui sont sur les arbres ou sur leur tige, in-12. *mss.*

6. 19 1814 Interruption du Someil Cabalistique ou le Dévoilement des Tableaux Mystiques de l'Antiquité : la Chrisologie Chymique, in-4. *mss.*

4. 17 1815 La Nature au découvert, par le Chevalier Inconnu, in-4. *mss.*

2. 10 1816 Œuvre de la Pierre Philosophale, par Nicolas le Valois, in-12. *mss.*

3. 19 1817 Préparation du Flos Cæli, ou Rosée des deux Equinoxes, in-8. *mss.*

3. 19 1818 Traité du Grand Œuvre, in-12. *mss.*

2. 1819 Traité de l'Arbre Solaire, par un François anonyme, in-12. *mss.*

1. 8 1820 Pour mettre l'Or & l'Argent spirituels en corps, & de volatils, les rendre fixes & constans, in-8. *mss.*

12. 2 1821 Véritable Remede ou Teinture pour la Lune au tiers d'or, par le P. Mandreville & le sieur Vinache, en 1687. in-4. *mss.*

1. 19 1822 La Vérité, non l'Autorité ; Hypocrate des effets & causes des diverses Curiosités de toutes choses, par Louis Thourette, in-12. *mss.*

2. 19 1823 Œuvres Chimiques de Dubois. — Basile Valentin, des Métaux. — Le Grand Philosophe Allemand. — Pour durcir les Cailloux. — B. Valentin des choses Naturelles & Minéraux, — le petit Paysan, in-8. *mss.*

1. 5 1824 Testament de Basile Valentin : Des Mines de leur nature & propriété, in-4. *mss.*

Le 2e Livre du Testament de Basile Valentin. in-8. *mss.*

3. 2 1825 Petits Opuscules, *mss.* &c. in-8.

29. 19 1826 Receuil de divers Secrets, Expériences, &c. *mss.* in-4.

4. 1827 Recueil de Secrets Hermetiques, in-4. *mss.*

1828 Secrets d'Alchymie, *mss.* de M. Hellot, & par lui intitulé : Chemin de l'Hôpital, 3 vol. in-8.

MATHEMATIQUE.

1829 Euclidis Elementa, ex edit. If. Barrouv. *Londini*, 1678. *in-*12.

1830 Les mêmes : Par le P. C. Fr. Defchalles. *in-*12. *fig.*

1831 De Laleu : Propofitions Mathématiques. *Paris*, 1638. *in-fol. fig.*

1832 Fran. à Schooten : Exercitationes Mathematicæ. *Lugd. Bat.* 1657. *in-*4.

1833 Cartaud de la Vilatte : Penfées Critiques fur les Mathématiques. *Paris*, 1733. *in-*12.

1834 Henrion : Récréations Mathématiques, données par Mydorge. *Rouen*, 1659. *in-*8.

1835 Guill. Oughtred : Opufcula Mathematica. *Oxonii*, 1677. *in-*8.

1836 Ozanam : Dictionnaire de Mathematique. *Paris*, 1691. *in-*4.

1837 Du même : Géometrie Pratique. *Paris*, 1684. *in-*12.

1838 Du même : Trigonométrie Rectiligne & fpherique. *Paris*, 1697. *in-*12.

1839 Du même : Les Récréations Mathématiques. *Paris*, 1725. 4 *vol. in-*8.

1840 D. Papin : Recueil de Piéces, touchant diverfes Machines & autres Sujets Philofophiques. *Caffel*, 1695. *in-*12.

1841 B. Lamy : Elémens de Mathématique. *Paris*, 1715. *in-*12.

1842 Efperienze Fifico Mechaniche, trad. d'al inglefe di Fr. Hauksbee. *Firenza.* 1716. *in-*4.

1843 Privat de Molieres : Leçons de Mathematiques. *Paris*, 1725. *in-*12.

1844 Belidor : Nouveau Cours de Mathématique à l'ufage du Génie & de l'Artillerie. *Paris*, 1725. *in-*4.

1845 Herman : Abrégé des Mathématiques pour S. M. J. C. de Ruffie. *St. Petersbourg*, 1728. 3 *tomes*, 2 *vol. in-*8. *fig.*

1846 Chrift. Wolfii : Elementa Mathefeos Univerfæ. *Geneva*, 1732. 4 *vol. in-*4. *fig.*

1847 Bezout : Cours de Mathématique à l'ufage des

Gardes du Pavillon & de la Marine. *Paris*, 1764 &
1765. 2 *vol. in-8. fig.*

1848 Trigonométrie Rectiligne & Spherique de Wlacq,
corrigée par Grabam. *Paris*, 1720. *in-8 fig.*

1849 De la Hire : Mémoires de Mathématiques & de
Physique. *Paris*, 1694. *in-4.*

1850 Deparcieux : Essai sur les Probabilités de la Vie
Humaine. *Paris*, 1746. *in-4.*

1851 Jo. Alphonsus Borellus ; de vi Percussionis. *Bo-
nonia.* 1668. *in-4.*

1852 Cherubin : Effets de la Force de la Contiguité des
Corps. *Paris*, 1679. *in-12. fig.*

1853. Guidonis Grandi Epistola Mathematica de mo-
mento Gravium in planis inclinatis, de que directio-
ne in Mechanicis attendenda. *Luca.* 1711. *in-4.*

ARITHMETIQUE.

1854 Steph. Ghebelino : Tavole Arithmetiche, *in-4.*
1855 Arithmetica Universalis sive de Compositione &
Resolutione Arithmetica. *Cantabrigia*, 1707. *in-8.*
1856 Parent : Arithmétique Théorique & Pratique. *Par.*
1714. *in 3. vr.*
1857 Le Gendre : Arithmétique. *Paris*, 1728. *in-12.*
1858 J. de Mean . Nouveau Traité d'Arithmétique.
Paris, 1732. *in-8.*
1859 Baréme : Arithmétique, 1740. *in-12.*
1860 Du même : Les Comptes faits. *Paris*, 1761. *in-24.*
1861 Morel : Arithmétique Raisonnée. *Paris*, 1742.
in-8.
1862 Camus : Cours de Mathématique (Arithmétique.)
Paris, 1749. *in-8.*

GEOMETRIE.

1863 Geometriæ Compendium, *in-24. mss. en Allemand.*
1864 L'usage du Quaré Géométrique amplement descrit.
Paris, 1573. *in 4.*
1865 Seb. le Clerc : Géométrie Pratique. *Paris*, 1682.
in-12. fig.

1866 Ig. Gaf. Pardies : Elemens de Géométrie, *Paris*, 1683. *in-12*.

1867 Cla. Rabuel : Commentaire fur la Géométrie de Defcarte. *Lyon*, 1730. *in-4*.

1868 Rivard : Elemens de Géométrie. *Paris*, 1732. *in-4*.

1869 Guifnée : Application de l'Algebre à la Géométrie. *Paris*, 1733. *in-4*.

1870 Clairaut : Elémens de Géométrie. *Paris*, 1741. *in-8*. *fig*.

1871 Joan. Craige : Methodus Figurarum Lineis. *Lond.* 1685. *in-4*.

1872 Jean-Paul de Gua de Malves : Ufage de l'Analyfe de Defcartes. *Paris*, 1740 *in-12*.

1873 M. le Marquis de Condorfet : Du Calcul Intégral. *Paris*, 1765. *in-4*. *br*.

1874 Johan. Wallifii : Arithmetica Infinitorum. Sive nova Methodus in Curvi linearum Quadraturam, &c. *Oxonii*. 1656. *in-4*.

1875 Lo Speculo Uftorio, di Bonav. Cavalieri, overo Trattato delle Sectioni coniche. *Bologna*, 1650. *in-4*.

1876 Jacob. Milnes : Sectionum Conicarum Elementa, nova methodo demonftrata. *Oxon.* *in-8*.

1877 Joan. Wallifius : De Cycloide de Cifloide, & de Lineis curvis. *Oxoniæ*, 1659. *in-8*. *fig*.

1879 Chev-Neuvton : Méthode des Fluxions & des fuites infinies. *Paris*, 1740. *in-4*. *fig*.

1880 Recherches fur les Courbes à doubles Courbes. *Paris*, 1731. *in-4*. *br*.

1881 Che. de Caufans : Vraie Géométrie Tranfcendante, & Pratique ; Quadrature du Cercle. *Paris*, 1754. *in-4*.

1882 Pierre de Senne : Calcul du Toifé pour les Superficies folides & les Bois carrés. *Paris*, 1690. *in-12*.

1883 Méthode de Lever les Cartes de terre & de mer. *Paris*, 1700. *in-12*.

1884 La Hire : Ecole des Arpenteurs. *Paris*, 1728. *in-12*.

1885 Picard : Traité du Nivellement. *Paris*, 1728. *in-12*. *fig*.

ASTRONOMIE.

.5 . 15 1886 David. Gregorii. Astronomiæ Physicæ & Geome-
triæ Elementa. *Geneva*, 1736. **2** *vol. in*-4. *fig.*

3 . 6 1887 Astronomie Physique, ou Principes généraux de la
Nature appliqués au Mécanisme Astronomique, par
de Gamaches. *Paris*, 1740. *in*-4. *fig.*

1888 Jac. Capreoli Sphæra. *Lut.* 1623. *in*-8.

10 . 1889 Cassini : Elemens d'Astronomie. *Paris*, 1740. 2
2 *vol. in*-4. *fig.*

1 . 10 1890 De Maupertuis : Discours sur les différentes Figu-
res des Astres. *Paris*, 1754. *in*-8. *fig.*

1891 Du même : Discours sur la Parallaxe de la Lune,
pour perfectionner la Theorie de la Lune, & celle de
la Terre. *Paris*, *Imp. Roy.* 1741. *in*-8. *fig.*

1892 Joan. Kepleri : Epitome Astronomiæ Copernicanæ
Doctrina Sphærica, 1618. *in*-12.

1893 Joan. Bapt. Duhamel : Astronomica Physica. *Par.*
1660. *in*-4.

1 . 10 1894 Vincentii Wing : Astronomia Britannica Logistica
Astronomica. Trigonometria, Doctrina Spherica, Theo-
ria Planetarum, Tabulæ Astronomicæ. *Lond.* 1699.
in-fol.

1895 De Keranflech : L'Hypotese des petits Tourbil-
lons justifiée par ses usages. *Rennes*, 1761. *in*-12. *br.*

3 1896 De la Condamine : Journal d'un Voyage fait à
l'Equateur, pour la mesure du Méridien. *Paris*, *Imp.*
Roy. 1751. *in*-4. *br.*

1 . 1897 Messieurs de Maupertuis, Clairaut, Camus, le Mo-
nier : Degré du Méridien entre Paris & Amiens, *Par.*
1740. *in* 8. *fig.*

6 1898 Andreæ Argoli : Tabulæ primi mobilis. *Patavii*,
1667. 2 *vol. in*-4. *mar.*
Ejusdem : Ephemerides exactissimæ. *Lugd.* 1667. 3 *v.*
in-4 *mar.*

1899 Flaminii de Mezavachis Ephemerides Felsineæ.
Ab anno 1675. ad 1684. 1675. *in*-4. *mar.*

1 . 1900 Guil Whiston : Prælectiones Astronomicæ, cuibus
accedunt Tabulæ Flamestedianæ, Halleianæ, Cassinia-
næ, & Strcianæ. *Cantabri.* 1707. *in*-8.

1901 Philip. de la Hire . Tabulæ Aftronomicæ. *Par.*
  1727. *in*-4. *fig.*   3.

1902 Defplaces : Ephémerides des mouvemens céleftes
  pour les Années 1735 jufqu'en 1745. 3 *vol. in*-4.

1903 De la Lande : Connoiffance des mouvemens célef-
  teftes, pour 1763, 64, 66, 67. 4 *vol. in*-8. *br.*

1904 Recueil de Piéces de Mathématiques & d'Aftro-   2.
  nomie. 2 *vol. in*-4.

GNOMONIQUE ET HORLOGERIE.

1905 Définitions des chofes les plus néceffaires de fa-
  voir, pour parvenir à l'Intelligence des Horloges So-
  laires. *in-fol. fig.*

1906 Boffe : La Maniere Univerfelle de Défargues pour
  pofer l'effieu aux Cadrans Solaires. *Paris*, 1643.
  in-8. *fig.*   1.8

1907 Pierre du Heaume : Principe curieux pour faire les
  Cadrans Solaires. *Paris*, 1654.

  Defcription & Ufage d'un Cadran horizontal & uni-
  verfel, inventé par Julien le Roi.

  d'Après de Mannevillette : Le Nouveau Quartier An-
  glois. *Paris*, 1739.

  A Defcription of a neuv inftrument invented by John
  Hadley for taking the latitude or the altitudes at fea.
  London, 1734.

  Piece fur les Eaux de Paffy. *in*-8.

1908 De la Hire : De la Gnomonique. *Paris*, 1698.
  in-12.   3. 10

1909 Fran. Bedos de Celles : Gnomonique-Pratique ,
  ou l'Art de tracer les Cadrans Solaires. *Paris*, 1760.
  in-8. *fig.*

1910 De Sainte Marie-Magdeleine : Traité d'Horlogio-
  graphie. *Paris*, 1701. *in*-8. *fig.*   1.

1911 Henry Sully : Regle artificielle du Temps. *Paris*,
  1727. *in*-12.

1912 Pardies : Machines propres à faire les Quadrans.
  Paris, 1689. *in*-12.

1913 Oronce Finée : Horlogiographie. *in*-4.

1914 Jean Pigeon , & G. le Roy : Defcription d'une   1.

Sphere mouvante par le moyen d'une Pendule. *Paris ;* 1714 *in-8. fig.*

1915 Derham : Traité d'Horlogerie. *Paris ,* 1731. *in-12. fig.*

HYDROGRAPHIE.

1916 Histoire de la Navigation, son commencement , ses progrès, &c. *Paris ,* 1722. 2 *vol. in-12.*

1917 Huet : Histoire du Commerce & de la Navigation des Anciens. *Paris ,* 1727. *in-12.*

1918 G. Denis : De l'Art de naviger. *Dieppe. in-4.*

1719 Le Cordier : Instruction des Pilotes. *Au Havre ,* 1683. *in-8.*

1920 Murdoch : Nouvelles Tables Loxodromiques. *Par.* 1742. *in-8. fig.*

1921 Pitot : De la Théorie & Manœuvre des Vaisseaux. *Paris ,* 1731. *in-4. fig.*

1922 Aubin : Diction. de Marine , contenant les termes de Navigation & d'Architecture Navalle. *Amst.* 1702. *in-4. fig.*

1924 Duhamel du Monceau : Traité de la Fabrique des Manœuvres pour les Vaisseaux , ou l'Art de la Cordorie. *Paris ,* 1747. *in-4.*

OPTIQUE, DIOPTRIQUE ET PERSPECTIVE.

1925 Franc. Aquilonii : Opticorum libri sex. *Antverp.* 1613. *in-fol. fig.*

1926 Seb. le Clerc : Du Point de Vue. *Paris ,* 1679 *in-12. fig.*

1927 P. Chérubin d'Orléans : La Vision parfaite , ou la Vue distincte. *Paris ,* 1681. *in-fol.*

1928 Pierre Ango : De l'Optique , divisée en trois Livres. *Paris ,* 1682. *in-12.*

1929 Newton : Traité d'Optique sur les Réfraxions de la Lumiere , trad. d o l'Angl. par Coste. *Amst.* 1720. 2 *vol in-12.*

1930 Le même. *Paris ,* 1722. *in-4. fig.*

1931 Bouguer : Essai d'Optique sur la gradation de la

) Lumiere. *Paris* , 1729. *in*-12. *fig.*

)1932 Castel : L'Optique des Couleurs. *Paris* , 1740. 1 · 16
  in-12.

1933 Thomin : Traité d'Optique-Méchanique. *Paris*, 1 · 10
  1749. *in*-8. *fig.*

{1934 Traité d'Optique. *Paris* , 1752. *in*-4.

}1935 Traité d'Optique sur la gradration de la Lumiere, 6.
  ouvrage posthume de M. Bouguer , publié par l'Abbé
  de la Caille. *Paris* , 1760. *in*-4. *fig.*

1936 Chérubin d'Orléans : Dioptrique oculaire. *Paris*, 5 · 19
  1671. *in-fol. fig.* avec le n: 1927.

1937 Joan. Zahn : Oculus artificialis Teledioptricus sive 3.
  Telescopium. *Norimb.* 1702. *in-fol.*

1938 N. Hartsoeker : Essais de Dioptrique. *Par.* 1694.
  in-4.   6

1940 Niceron : Perspective curieuse. *Paris* , 1663. 6
  in-fol. fig.

MÉCHANIQUE.

{1941 Réponses de Madame. . . . à M. de Mairan , sur
  les Forces vives. 1741. *in*-8.

}1942 Le Diverse & Artificiose Machine del Agostino 72.
  Ramelli. *Parigi* , 1588. *in-fol. fig.*

1943 P. Gasparis Schotti : Thecnica curiosa sive mira- 17 · 19
  bilia Naturæ & artis. *Herbipoli* , 1664 & 1697. 2 *vol.*
  in-4.

{1944 Parent : Recherches de Mathématique & de Phy-
  sique. *Paris* , 1705. 2 *vol. in*-12.   6 · 1

}1945 Propositions de Jacq. Besson sur le Théâtre , de ses
  Instrumens & Machines. *in-fol. fig.*

1946 Œuvres de Mariotte. *Leyde* , 1717. 2 *vol. in*-4. 9.
  figures.

1947 Varignon : Nouvelle Méchanique , ou Statique. 4
  Paris , 1725. 2 *vol. in*-4. *fig.*

1948 Theatrum Machinarum, Staticum, Hydrotechni- 99.
  carum , Hydrolicarum , Molarium. *Leips.* 1725. &
  suiv. 5 *vol. in-fol. fig.*

8.   1949 Cl. & P. Perrault : Phyſique & Méchanique. *Amſt.* 1727. 2 *vol. in-*4. *fig.*

1.   1950 Idéé générale d'une Machine Hydraulique, inventée & exécutée à Lyon. *Lyon ,* 1733. *in-*8.

1951 Morin : Abrégé du Méchaniſme univerſel. *Chartres ,* 1735. *in-*12.

HYDRAULIQUE.

1.17   1952 Ben. Caſtelli : De la Meſure des Eaux courantes, trad. de l'Italien. *Caſtres ,* 1664. *in-*4. *br.*

1953 Mariotte : Du Mouvement des Eaux , & autres corps fluides , donné par de la Hire. *Paris ,* 1700. *in-*12.

1.10   1954 Dànielis Bernoulli : Hydrodinamica , ſive de viribus & motibus fluidorum. *Argentorati ,* 1738. *in-*4. *figures.*

1955 P. Gaſparis Schoti : Mechanica Hydraulico-pneumatica. *Herbipoli ,* 1657. *in-*4. *avec le N°.* 1943

20.   1956 Belidor : Architecture Hydraulique, ou l'Art de conduire , élever & ménager les Eaux. *Paris ,* 1737. 2 *vol. in-*4. *gr. pap. fig.*

1.   1957 De Varcourt : Projet d'un Canal par lequel on peut réunir toutes les eaux du Royaume , & étendre la Navigation. *Paris ,* 1756. *in-*4. *br.*

TRAITÉS DE LA CONSTRUCTION
DES INSTRUMENS DE MATHÉMATIQUES.

1.19   1958 Bion : Uſage des Globes & des Spheres. *Paris ,* 1728. *in-*8. *fig.*

6.   1959 Du même : Traité de la Conſtruction des Instrumens de Mathématique. *Paris ,* 1725. *in-*4. *fig.*

1.   1960 Bullet : Uſage du Pantrometre. *Paris ,* 1675. 1 *vol. in-*12. *fig.*

1961 Microſcope micrométrique gnomon horiſontal, & Inſtrument Aſtronomique ; par de Hautefeuille. *Par.* 1703. *in-*8.

2.   1962 Louis-Philippe la Breſſe : Traité du Barometre. *Nancy ,* 1717. *in-*12.

1963 Chrift. Ludov. Gerften : De Barometro. *Francof.* \ .10
  1733. *in-12. fig.*

1964 Amontons : Remarques & Expériences Phyfi-\ .1
  ques fur la conftruction d'une nouvelle Clepfidre. *Par.*
  1695. *in-12.*

1965 L. Joblot : Defcription & Ufage des Microfcopes.
  Paris, 1718. *in-4.*

MUSIQUE.

1966 Rameau : Démonftration dn principe de l'Har-
  monie. *Par.* 1750. *in-8. br.*   . 1.16

1967 Monteclair : Nouvelle Méthode pour apprendre
  la Mufique. *Paris*, 1709. *in-4.*

1968 Geminiani : L'Art de jouer le Violon. *Par.* 1752. 1.
  in-fol.

1969 Concert & Simphonie d'Aubert. *Par. in-fol.*   1.10

1970 Paquet de Mufique de Valentine, de Mofly, &c. 1.10
  in-4.

1971 Trio de Quentin, Duo de Laveaux, & 4 Œuvres 2.
  de Boifmortier. *in-4. br.*

1972 Liaffe de Mufique imprimée, de différens Auteurs.
  in-4.
                                                    1.16
1973 Liaffe de Mufique manufcrite. *in-4.*

DESSEIN, PEINTURE ET ARCHITECTURE.

1974 P. Monier : Hiftoire des Arts qui ont rapport au
  Deffein. *Par.* 1688. *in-12.*

1975 Buchotte : Regle du Deffein & du Lavis. *Paris* 2.12
  1722. *in-8. fig.*

1976 Darclais de Montamy : Des Couleurs pour la Pein-
  ture en émail & fur la Porcelaine, & de l'Art de pein-
  dre fur l'émail. *Par.* 1765. *in-12.*

1977 Traité des Vernis, & de leur compofition. *Paris*,
  1723. *in-12.*

1978 A. Boffe : Maniere de graver à l'eau forte. *Par.* 2.
  1721. *in-8. fig.*

1979 M. Vitruvii Pollionis : De Architectura libri. *Lugd.* 1.
  1586. *in-4.*

1980 Hugues Sambin : De la Diverfité des termes dont

48   on ufe en Architecture. *Lyon* 1572. *in-fol. par.*

1981 Boffrand : Architecture. *Par.* 1745. *in-fol. fig.*

2.19 1982 Mathieu le Carpentier : Plans, Coupes & Eléva-
tion de l'Hôtel de Ville de Rouen. *Par.* 1758. *in-fol.*
gr. pap. fig.

1983 Laugier : Obfervations fur l'Architecture. *Paris*,
1765. *in-12.*

ART MILITAIRE, FORTIFICATION.

3.12

1984 Quincy : L'Art de la Guerre *Paris*, 1740. 2 *vol.*
in-12.

1985 De Fer : Introduction à la Fortification. *Paris.*
in-4. fig.

1986 Antoine de Ville : La Charge des Gouverneurs de
Places. *Paris*, 1666. *in-12.*

1.10

PYROTHECNIE. MÉTALLURGIE ET FONDERIE;
VERRERIE. ARTILLERIE.

1987 La Pyrothecnia di Vanoccio Biringuccio. *Venet*
1540. *in-4.*

1988 La Pyrothecnie de Hanzelet. *Pont à Mouſſon*
1630. *in-4. fig.*

1.17 1789 G*. Gauger : Méchanique du Feu, ou l'Art d'en
augmenter les effets & d'en diminuer la dépenfe. *Par.*
1723. *in-12. fig.*

7*. 1990 De re Metallica en el qual fe tratan muchos y
diverfos fecretos del conofcimiento de toda fuerte de
minerales, por Bernardo Perez de Vargas. *Madrid*,
1569. *in-8. mar.*

3.12 1991 Le même, traduit. *Paris*, 1743. 2 *vol. in-12.*

2.   1992 El Ajuftamento i proporcion de las monedas de
oro plata i cobre. *Madrid*, 1629. *in-fol.*

2.   1993 Bern. Cœfii : Mineralogia. *Lugd.* 1636. *in-fol.*

24.   1994 Arte de los Metalles en que fe enfegna el verda-
dero beneficio de los de oro y plata, por Albaro de
Alonfo Barba. *Madrid*, 1640. *in-4.*

1995

1995 Traité de l'Art Métallique, trad. d'Alfonfe Alvarez Barba, (tiré par Hautin du Villars, des mff. de M. le Berger, Secrétaire de M. de Torcy). *Paris*, 1730. *in-12. fig.*

1996 L'Art des Métaux de Al. Barba, trad. de l'Efpagnol, *in-12. mff.*

1997 Lokneyfz : Sur les Mines. 1690, *in-fol. en Allemand.*

1998 Joan. Joach. Becheri : Metallurgia. *Franc.* 1661. *in-12. en Allemand.*

1999 Metallurgia Bohmiana. 1696. *en Allemand.* Idea Chemiæ Bohmianæ adeptæ. 1690. *in-12. en Allemand.*

2000 Michaelis Mercáti : Metallotheca. *Roma*, 1718. *in-fol. fig.*

2001 Orcefchall : Œuvres Métallurgiques, *Par.* 1760. *in-12.*

2002 Gua de Malves : Projet d'ouverture & d'exploitation des minieres & mines d'or, & autres métaux, en Languedoc, Comté de Foix & Rouergue. 1764. *in-8.*

2003 Chymie Métallurgique, trad. de C. E. Gellert. *Par.* 1758. 2 *vol. in-12.*

2004 Traité des principaux Métaux & Mines Métalliques, de leurs différentes efpeces, de la maniere de les examiner ou d'en faire l'effai. *in-fol. mff.*

2005 Bazin : Traité fur l'Acier d'Alface. *Strasb.* 1738. *in-12.*

2006 Jean-Gotlob. Lehmann : L'Art des Mines ou Introduction aux Connoiffances néceffaires pour l'exploitation des Mines Métalliques. *Paris*, 1759. 3 *vol. in-12. fig.*

2007 Maniere de M. Robert pour laver & fondre les mines de Fer. *Paris*, 1757. *in-12. br.*

2008 Tratado de Enfayadores, por Juan Fernandez del Caftillo. *Madrid*, 1623. *in-4.*

2009 Geoffroy : L'Art d'effayer les Mines & les Métaux. *Paris*, 1659. *in-12.*

2010 Lettre fur la Minéralogie & la Metallurgie pratique, traduit de l'Anglois de Weffel Linden. *Paris*, 1752. *in-12.*

2011 The laws of art and Nature in Knowing, judging finning metals, by Joh. Petty. *Lond.* 1683. *in-fol.*

2012 Joan. Andreæ Crameri : Elementa Artis Docimascæ. *Lugd. Bat.* 1744. *in-8.*

2013 Elémens de Docimastique ou l'Art des Essais, trad. du lat. de Cramer. *Paris*, 1755. 4 *vol. in-12.*

2014 Sur les Affinages & les Essais de l'Or & l'Argent. *mss. in-4.* de M. Hellot.

2015 Procès verbal des Essays des Matieres d'Or & d'Argent. *in-4. mss.* de M. Hellot.

2016 Docimastique de M. Hellot, ou Traité des Essais. *in-8. mss.*

2017 Plusieurs Expériences utiles & curieuses concernant la Médecine, la Métallique, &c. *Paris*, 1718. *in-12.*

2018 Instructions fondamentales des Fonderies & Fontes, où il est traité des constructions des Fonderies, Bâtimens, Fournaux convenables, confirmé par ceux du Hartz, traduit de l'Allemand de Christophe-André Schulter, *in-8. mss.* de M. Hellot.

2019 Hellot: de la Fonte des Mines, des Fonderies, traduit de l'Allemand de Christophe-André Schulter. *Par.* 1750. 2 *vol. in-4. gr. pap.* avec l'extrait de Schindelers, sur les Essais; & plusieurs procédés de Métallique, utiles aux Artistes, écrits en marge de la main de M. Hellot.

2020 Art de la Fonderie, *mss.* de la main de M. Hellot. *in-8.*

2021 De Reaumur : L'Art de convertir le Fer en Acier, & l'Art d'adoucir le Fer fondu. *Paris*, 1722. *in-4. fig.*

❈

2022 L'Arte della vitraria, del Antonio Neri. *Firenza.* 1612. *in-4.*

2023 Antonii Neri : De arte vitraria libri, cum Christ. Mereti notis. *Amsteld.* 1686. *in-12.*

2025 Haudicquer de Blancourt : Art de la Verrerie. *Par.* 1718. 2 *vol. in-12. fig.*

2026 L'Art de la Verrerie, par Jean Kunckel, *in-4.* manuscrit.

2027 L'Art de la Verrerie, par Neri, Merry, & Kunckel, & autres Traités traduits de l'Allemand, par M. ** *Par.* 1752. *in-4. fig.*

2028 Jacq. Philip. Ferrand : L'Art du Feu , ou de pein- 2 . 8
    dre en émail. *Paris* , 1721. *in-12.*

2029 Des Porcelaines : Verres , &c. *mss.* de M. Hellot , 2 .
    in-8.

2030 Tarif du prix des Glaces , 1750. *in-12.*

❀

2031 Flurance Rivault : Elémens d'Artillerie , Inven-
    tion & Pratique du Canon. *Paris* , 1605. *in-8. fig.*

2032 Lo Scolare Bombardiere amaestrato , d'Alessandro
    Chincherni. *Ferrara.* 1640. *in-12.*

2033 Noizet : Grand Art d'Artillerie. *Amsterdam* , 1651.   1 . 10
    in-fol. fig.

2934 Malthus : De l'usage de l'Artillerie , Bombes ,
    Mortiers , Feux artificiels. *Paris* , 1668. *in-12. fig.*

2035 Gautier : Des Armes à feu , de l'Artillerie , &c.
    Hollande , 1692. *in-12. fig.*   1 . 10

2036 Bigot de Morogues : Essais de l'Application des
    Forces centrales aux effets de la Poudre à Canon.
    Paris , 1737. *in-8.*

2037 Surirey de Saint Remy : Mémoire d'Artillerie. 2 3 .
    Paris , 1745. 3 *vol. in-4.*

2039 Perinet d'Orval : Essai sur les Feux d'Artifice pour 4 .
    les Spectacles & la Guerre. *in-8. fig.*

2040 Frezier : Manuel de l'Artificier. *Neuchatel* , 1755. 1 - 11
    in-12. fig.

2041 M. D'Arcy : Essais d'une Théorie d'Artillerie. *Par.*
    1760. *in-8. br.*

MÉLANGE DES ARTS.   2

2042 Secrets concernant les Arts & Métiers. *Paris* , 1716.
    in-12.

2043 Jousse : Theatre de la Charpenterie. *La Fleche* ,
    1627. *in-fol. fig.*

2044 Plumier : L'Art de Tourner. *Lyon* , 1701. *in-fol.* 8 .
    figures.

2045 Art du Chamoiseur.   159 . 19 .
    D'adoucir le Fer fondu.
    De faire des Chapeaux.

du Mégiſſier.
Du Couvreur.
du Cirier.
De tirer des Carrieres la pierre d'Ardoiſe.
Du Tanneur.
De convertir le Cuivre Rouge en Cuivre de Roſette.
De la Draperie.
du Tuillier & du Briquetier.
De la Teinture en Soye.
Du Tonnelier.
Des Forges & des Fourneaux à Fer.
De Raffiner le Sucre.
De faire le Papier.
De l'Epinglier.
Du Chandelier.
De faire le Parchemin.
De travailler les Cuirs dorés ou argentés , 20 parties
in fol. en blanc , figures.

6.   2046 Corps complet d'Agriculture, du Commerce , &
des Arts & Métiers de France , *in*-8 19 *Chahiers.*

2. 11.   2047 Liaſſe de différentes Piéces fugitives ſur les Scien-
ces & les Arts. *in*-8. & *in*-12.

1. 10   2048 The Myſteryes of Nature and Art, contained in
foure ſeveral tretiſes, of Water, of drauving, co-
louring painting , and engraving by. J. B. 1634.
in-8. *fig.*

1. 4.   2049 P. Maria Caneparius : De Attramentis. *Londini ,*
1660. *in*4.

3. 19   2050 Idem : *Roterodami ,* 1718. *in* 4.

3.   2051 Joan. Laur. Boſchius : De Coerulco & Chryſo-
colla. *Jena ,* 1668. *in*-12. *br.*

10.   2052 Le Blond : L'harmonie du Coloris dans la Teinture
réduit en pratique Mécanique. *in-fol. fig.*

2.   2053 Plicto de l'Arte tintoria. *Venetia ,* 1672. *in*-12.

1.   2054 Le Teinturier Parfait, ou collection pour la Tein-
ture des Laines. Les Manufactures de Laine & les
Chapeaux. *Leyde ,* 1708. *in*-12.

3.   2055 Le même : *Paris ,* 1716. 2 *vol. in*-12.

      2056 Supplément au Teinturier Parfait , *in*-4. *mſſ.*

3   2057 Uſtencilles que doit avoir un Teinturier, *in*-4.
manuſcrit.

2057* M. Hellot : l'Art de la Teinture des Laines, & des Etoffes de Laine. *Paris* , 1750. *in-12.*

2058 Le même : Traduit en Allemand. *Altemb.* 1751. *in-8.*

2059 Le même : Traduit en Espagnol. *Madrid.* 1752. *in-12.*

2061 Fran. Gouin : Opérations de Teinture , faites à Yvetot. *Rouen* , 1756. *in-8.*

2062 Holker : Mémoires Instructif sur la Fabrique , les apprêts Dégraissage & Blanchissage des Bayettes. *Par.* 1764. *in-4.*

GYMNASTIQUE JEUX ET AMUSSEMENS.

2063 Le Nouveau & Parfait Maréchal François. *Paris* , 1706. *in-12.*

2064 De la Gueriniere : Ecole de Cavalerie. *Par.* 1733. *in-fol. fig.*

2065 L'Art de la Chasse & de la Pêche. *Lyon* , 1759. 2 *vol. in-12.*

2066 Isaac Walton : Le Parfait Pêcheur à la Ligne. *Londres* , 1668. *in-12. en Angl.*

2067 L'Egide de Pallas , ou Théâtre & Pratique du Jeu des Dames , par Jo. Diego Cavallero del Quercetano. *Paris* , 1727. *in-8.*

2068 Jeu du Trictrac. *Paris* , 1701. *in-12.*

SUPPLÉMENT.

2069 Edits , Ordonnances , Arrêts & Réglemens depuis Charles VI jusqu'a Louis XIII , sur les Mines & Minieres de France. *Paris* , 1631. *in-8.*

2070 Gerar. à Gustchoven : Quadrans Géométricus. *Bruxellis* , 1674. *in-16.*

2071 D'Olivet : Traduct. des Entretiens de Cicéron sur la Nature des Dieux. *Paris* , 1732. 2 *vol. in-12.*

2072 Nic. Thomæi Dialogi , 1532. *in-8.*

2073 Commercium Litterarium. *Norimberga*, **2 vol.** *in-4.*

2074 Chapuys : Dialogue de la Philofophie Phantafti-
que des trois en un Corps. *Paris*, 1587. *in-12.*

2075 Traité de la Sphere, *in-4. mff.*

2076 Georgius Pafchius : De novis Inventis, quorum
accuratiori cultui facem prætulit Antiquitäs. *Lipfiæ*,
1700. *in-4.*

2077 Guidonis Pancirolli : Rerum Memorabilium five
deperditarum liber. *Francof.* 1660. *in-4.*

2078 Cl. Salmafii : Exercitationes in Caii Julii Solini
Polishiftor. *Paris*, 1629. 2 *vol. in-fol.*

2079 Mémoires de Chymie & d'Hiftoire Naturelle, de
l'Académie d'Upfal & de Stockolm , depuis 1720.
jufqu'en 1760. *Paris*, 1764. 2 *vol. in-12.*

2080 Acta Phyfico-Medica Academiæ Cæfareæ, Leopold.
Ephemerides & Synopfis. *Norimb.* 1727. 2 *vol. in-4.*

2081 Bibliotheca Phyfica Academiæ Leopoldino-Caro-
linæ Naturæ Curioforum. *Halæ.* 1755. *in-4.*

2082 Diarium Salanum, anni 1720. Sufcepit Joh. Ant.
Strubberg. *Lipfiæ*, *in-8 bro.*

2083 Ant. Rofchmanni : Veldidena Urbs Antiquiffima
Augufta *Coloniæ*, 1744. *in-4.*

2084 Franc. Tertii Magifterium Naturæ & Artis opus
Phifico - Mathematicum. *Brixiæ*, 1684. *in-fol.*

2085 Mart. Schoockii Imperium Maritimum. *Amft.*
1654. *in-12.*

2085* Recueil de Thefe de Phyfique , d'Hiftoire Natu-
relle & de Médecine, *in-4.*

2086 Il Decamerone di Boccaccio nuovamente corretto
& con diligentia Stampato. 1527. *in-8.*

2087 A felect Collection of the Beft modern english
Pla'ys. Selected from the beft Author's. 10 *vol.*
in-12.

2088 Silveftri à Petra Sancta : De Simbolicis heroicis
libri ix. *Antverpiæ*, 1634. *in-8.*

2089 Examen del ingenios para las fcientias. *Amfterd.*
1662. *in-16.*

2090 Las Obras de Bofcany, Algunas de Garcilaffo de
la Vega , repartidas en quarto libro. *Antv.* 1697.
in-16.

2091 Libro aureo de Marco-Aurelio Imperador. *Antv.* 1645. *in-16.*   2. 10

2092 El Heroe de Lorenzo Gratian. *Amst.* 1659. *in-16.*

2093 Novellas amorosas de los majores ingenios de España. *Barcelona*, 1650. *in-12.*

2094 Las Obras della Sancta Madre Theresa de Jesus. *in-8.*   1.

2095 Historia tragicomica de Dom Henrique de Castro. *Paris*, 1617. *in-12.*

2096 La Emilia da Groto. *Par.* 1609. *in-12.* . . . . . 1.

2097 Le Antiquita di Roma. *in-12.* . . . .

2098 Historia di Aurelio & Isabella. *Par.* 1553. *in-12.* 1. 8

2099 Asolani di Pi. Bembo. *in-12.*

1100 La Lira, le dicerie sacre del Marino *in-12.*

2101 Petti Pomponatii : Tractatus de Immortalitate animæ. 1534. *in-12.*   1. 10

2102 Mépris de la Cour, & Louange de la Vie rustique, en 4 langues. *Geneve*, 1605. *in-12.*

2103 Œuvres de Théophile. *Paris*, 1662. *in-12.* . . .

2104 Cimbalum mundi. *in-12.* 1. 6

2105 Vénus Physique, par de M. Maupertuis. *in-12.* . .

2106 Systême de la Génération de l'homme, par de 1. 8 Launay. 1726. *in-12.*

2107 Traité des Revenans, &c. par Dom Calmet. *in-12.* 1. 11

2108 Le Bélier, Conte de Hamilton. 1730. *in-12.*

2109 Avantages & désavantages du Commerce de la 1. 10 Grande Bretagne. 1 *vol. in-12.*

2110 Le Zodiaque de la Vie. 1731. 2 *vol. in-12.* 1. 4

2111 Education des Princes, par de Varillas. 1686. *in-12.*   1.

2112 Education des filles, par de Fénelon. 1689. *in-12.*

2113 Fables de la Motte. 1719. *in-12.* . . . . . . 1.

2114 Roland l'Amoureux. 2 *vol. in-12.*

2115 L'Ane d'or d'Apulée. 2 *vol. in-12.* 2. 3

2116 Satires de Pétrone. 2 *vol. in-12.* . . . . . . 2.

2117 Histoire de Malthe. 7 *vol. in-12.* . . . . . .

2118 Œuvres de Boileau & de Sanlecque. 1 *vol. in-12.* 1. 6

2119 Œuvres de J. B. Rousseau. *Amst.* 1 *vol. in-12.*

2120 Mémoires de Gaston d'Orléans. 1 *vol. in-12.* 1.

Collection de différens genres de Minéraux.

Fourneaux & Vaisseaux de Chymie, tant en cryſtal d'Angleterre, qu'en verre.

Pluſieurs Balances d'eſſais, dont une à lanterne, avec les poids de ſemelle & de demi-ſemelle.

Uſtenſiles dépendans d'un Laboratoire de Chymie.

F I N.

www.ingramcontent.com/pod-product-compliance
Lightning Source LLC
LaVergne TN
LVHW021835170726
843503LV00003B/940